U0523205

亲密关系
心理学

孙睿盈 著

青岛出版社
QINGDAO PUBLISHING HOUSE

图书在版编目（CIP）数据

亲密关系心理学 / 孙睿盈著.--青岛：青岛出版社，2019.12
ISBN 978-7-5552-8136-8

Ⅰ.①亲… Ⅱ.①孙… Ⅲ.①恋爱心理学 Ⅳ.①C913.1

中国版本图书馆CIP数据核字(2019)第085379号

书　　名	亲密关系心理学
著　　者	孙睿盈
出版发行	青岛出版社
社　　址	青岛市海尔路182号（266061）
本社网址	http://www.qdpub.com
邮购电话	010-85787680-8015　13335059110 0532-85814750（传真）　0532-68068026
责任编辑	贺　林
特约编辑	郑丽丽
校　　对	张玉霞
装帧设计	白砚川
照　　排	梁　霞
印　　刷	三河市良远印务有限公司
出版日期	2019年12月第1版　2019年12月第1次印刷
开　　本	32开（880mm×1230mm）
印　　张	9
字　　数	150千
书　　号	ISBN 978-7-5552-8136-8
定　　价	39.80元

编校印装质量、盗版监督服务电话　4006532017　0532-68068638

建议陈列类别:畅销・励志

前言

亲密关系，是人际关系中最重要的一种。从广义的范围来讲，亲密关系包含了超过一般友情的社会关系，并不仅限于男女的爱情关系，只要两个人亲密到一定程度，向对方敞开到一定程度，家人、朋友、同学、同事等，都可以算是亲密关系的一种。而我们这里所说的亲密关系，则特指男女之间，即情侣关系、夫妻关系。

男女之间的亲密关系能量最大、张力最强，也正因如此，其冲突也最大：既可以给人带来最极致的喜悦，又可以带来最痛苦的心碎。可以说，但凡是人，几乎就不可能没有亲密关系的烦恼。这是因为男女之间的生理构造不同，心理状态不同，需求和感受也有所不同。许多人只强调自己的需求，以自我满足与否当作衡量亲密关系的标准，却忽略了对方也同样有自己的需求和感受。

正所谓，"男人来自火星，女人来自水星"，无论是面对情感困惑，还是面对生理需求，男人和女人的反应都有所差异。除了性别差异，个性不同、个人经历不同，都会造成亲密关系心理的不同。即便是最原始的"滚床单"行为，男人和女人都会有不同的反应和需求。

例如，男人一般认为爱和性可以区分对待，而女人却总无法将其分割开来；男人喜欢直截了当，女人却更加委婉含蓄；男人获得满足便能立刻抽身，而女人却久久不能回神……而这一点一滴的差异，可能带来大大小小的矛盾，从而影响亲密关系的和谐。

我们在影视剧中经常会看到社会上有形形色色专门教授亲密关系学问的机构成立，可以大胆猜想，将来的某一天，还会成立专门的亲密关系学校。但在那之前，我们仍然需要能帮助广大男女走出迷雾的基本指导，或者说简单明了、实际有用的指导。

本书从男人和女人各自的心理角度出发，对亲密关系中包含的各种亲密行为进行了针对性解读和分析。每一个章节都会提供给你全新的视角，去了解男人和女人真正想要的是什么，帮助你更好、更全面地了解伴侣。除此之外，本书还将详细地为你解答如何消除亲密关系之间的障碍，并教授你如何在相互理解的基础上实现更好地沟通，在建立良性沟通的环境下，持续相爱相守、幸福快乐。

假如你是一个迫切地需要了解对方内心的人，想要让彼此的关系能够如鱼得水般融洽，来读这本书，深入了解两性的心理和观念，它能让你在亲密关系之中具有更多主导权，让你成为一个更受欢迎的人。

亲密关系，博大精深，纵然短短十几万字无法将其阐述得面面俱到，也希望本书能为各位提供有效的、实际的、积极的帮助，让你和伴侣获得更多行之有效的建议，让双方的关系更加亲密和谐、情比金坚。现在就让我们一起来了解有关亲密关系的必经阶段、常见问题，及其原因，并试着找出一种简单又自然的方法来克服障碍，向更加亲密的关系迈进。

目录

001　前言

第一章　亲密关系的真相

- 003 · 人际关系的构成
- 005 · 归属的需要
- 007 · 亲密关系变化的根源
- 010 · 个人经历的影响
- 013 · 个体差异的影响
- 016 · 人类本性的影响
- 019 · 爱的五种能力
- 022 · 索取还是奉献
- 026 · 好色男与好色女
- 031 · 肉体、灵魂,关于背叛的双重标准

第二章　绝对的爱和性

- 037 · 动物的交配,人类的性爱
- 040 · "性"和"爱"可以分割吗?
- 043 · 终归要面对的事情
- 046 · 女人的主动权:敢爱、敢想、敢做、敢当
- 048 · 减压方式是性心理的一面镜子
- 051 · 性是否能催生爱?
- 054 · 爱的初体验
- 057 · 婚前同居,别急着做"妻子"
- 060 · 露水情缘、逢场作戏,应该情归何处?

目录

PART 3
第三章
爱的打开方式

065 · 求爱时最被动的居然是男人
068 · 一吻定情的可能性到底有多高
071 · 欲擒故纵还是心急
074 · 真情才能换来真爱
077 · 太直接的要求容易被直接地拒绝
080 · 你能给予的其实比你能索取的更多
082 · 这些地方不适合求"爱"
085 · 给对方一些小小的暗示
088 · 此处无声胜有声,让环境来成全你
090 · 顺其自然的身体反应会为你代言
092 · 最容易被激发的欲望
094 · 察言观色的秘密
097 · 恋上谁的床
099 · 婉拒别人有多难?
102 · 别真把自己当成下半身动物

目录

第四章
男人的蓝

107 · 男人如何看待自己的第一次
110 · 他不爱"燕瘦"爱"环肥"
113 · 脱衣的技巧
115 · 血色浪漫
118 · 一丝不挂？NO
120 · 找找借口与耍耍心计
122 · 男人更渴望被爱
124 · 为何如此好动？
126 · 男人为什么喜欢看镜子里的爱情动作片？
128 · 他的性幻想对象不是你
131 · 男人的希望与获得方向感
134 · 过分热情会让他心生猜疑
137 · 探秘男人最"受不了"的呻吟声
140 · 他说的不一定都是真心话
143 · 关于情趣用品
146 · 他明明想要，却如此害羞
149 · 男人的小情结
152 · 男人的速战速决

目录

PART 5 第五章
女人的粉

- 157 · 女人有没有处男情结?
- 160 · 浓妆背后的女人
- 163 · 小温柔里藏着大能量
- 166 · 男人的表里如一
- 169 · 女人如何宣示主权
- 172 · 她为什么见不得"光"
- 175 · 演技派与实战
- 178 · 是迎合的请求,还是不满的催促
- 180 · 浪漫和快感一样重要
- 182 · 女人也爱听的声音
- 185 · 她需要一个合理的机遇来施展自己的"才华"
- 188 · 说这些话很破坏气氛
- 190 · 为何难以全情投入
- 194 · 女人最爱男人身体哪几个部分
- 196 · "虎妻"出没!
- 198 · 不能忽略的小细节

目录

PART 6
第六章

心灵和身体：
不和谐因素

203 · 不近人情的要挟
206 · 借口永远比理由多
208 · 我们为什么不接吻
211 · 为什么男人最容易"性焦虑"
214 · 亲密恐惧症，当夫妻生活只剩下了夫妻和生活
218 · 深夜里的沉默
221 · 当爱消亡时，你会开始厌恶对方的身体
224 · 请先打开心结，再化解尴尬
227 · 几件小事

目录

PART 7 第七章
探求彼此迥异的情感嗜好

233 · 吵架居然是前戏
236 · "动手动脚"中的乐趣
239 · 他居然在衣柜里偷偷藏了一个"情人"
241 · 另类的幻想
243 · 喜欢拍摄的人
246 · 传说中的"一夜七次郎"

PART 8 第八章
让"爱"有余温

251 · 男人的虎头蛇尾怎么解释
253 · 你知不知道这些话有多伤人
256 · 女人的"事后一根烟"
259 · 酣畅之后,他/她最想做的事是什么
262 · 你能听出这些善意的谎言吗?
265 · 请替对方穿衣
267 · 千万别说:"我和你的前任比怎么样?"
270 · 完美的收尾与下一次的伏笔
273 · 以坚定又温柔的态度谈论心事
276 · 让爱意融入生活,而不是只出现在性生活时

第 一 章

亲密关系的真相

亲密从不是一己之欢，最亲密的关系，
就是让各自享受变成一种共同拥有。

———

亲密关系心理学

人际关系的构成

人是社会动物，不是单独存在的个体，无论你多么喜欢独处，甚至内心希望自己是个"独行侠"，仍然改变不了自己是个社会人的事实，仍然摆脱不了随之而来的人际关系。而所谓人际关系，是人们在工作或生活过程中所建立的一种社会关系，是人们在物质交往与精神交流中发生、发展和建立起来的。人际关系会对人们的心理产生影响，不同的人际关系，也会在人的心理上形成不一样的距离感。可以说，人际关系是人与人之间直接的心理关系。

人际关系是社会关系的一个侧面，构成复杂，外延很广，其中主要有亲属关系、朋友关系、师生关系、同学关系、同事关系、亲密关系等。

亲属关系，是我们与生俱来的一种社会关系，也是最早建立起来的人际关系。如果说这个世界上一切皆可自主选择，那唯有亲属关系是无法选择的。当我们呱呱坠地，在病房中发出第一声啼哭的时候，便注定了我们和父母的亲子关系。无论贫穷富贵，健康疾病，父母只有一双（当然，养父母也是亲子关系的一种）。亲属关系是个体和社会生活中重要的一部分，尤其是亲子关系，当我们处在幼儿期，亲子关系几乎是我们全部情感的依赖所在。

除了父母，兄弟姐妹、叔伯姨舅等，都是亲属关系，天生有着亲切感，正所谓"打断骨头连着筋"，故古人也有了"狗不嫌家贫，子不嫌母丑"的说法。

相对于亲属关系，朋友关系则有了更多可选择性，也有更多的自主空间。朋友之间，或志同道合，或冤家路窄、不打不相识，或从小一起长大，或半路结交……总之，在生活中，朋友是除了亲属之外，能够给自己精神安慰的那部分人。

师生关系、同学关系，都发生在求学阶段，传道授业的恩师，同窗共度的同学，都是陪伴自己青春时光的人，人生道路上可能给予自己帮助的人。师生、同学关系，也是相对纯粹、单纯的人际关系。

同事关系，则发生在求学结束、进入职场之后，相对于其他几种关系，同事关系似乎显得距离更远，关系更淡，不过也有例外。进入职场之后，同事是与自己相处时间最长、交集最多的人员之一。或许，未来事业上的伙伴，助力自己走向成功的关键，可能就是你身边哪个同事。

而在所有的人际关系中，最核心、最重要的是亲密关系。亲密关系，是与情侣、爱人之间的关系。有着亲密关系的两个人，互相依赖、互相了解、互相关心、互相信任、互相忠诚，并且有着双方之间的秘密，有着一致性的行为和想法。一定程度上可以说，亲密关系是人类社会属性的核心部分。或许有人会说：难道其他关系都要为亲密关系让步吗？这不是见色忘义吗？

不要着急反驳，先回答一个问题：如果你一个人在荒岛上，在这座荒岛上，你不能上网、不能打电话、不能联系到任何人，但是这里鸟语花香，食物丰富，你可以选择一个人来与你共度，那么，你会选择谁？

父母？朋友？老师？同学？不知道你的选择是什么，反正我的选择是自己最亲密的爱人。而做出这种选择，一定程度上是由人类的核心需要决定的。具体内容，且听下节分解。

归属的需要

亲密关系在人际关系中是重中之重，这并不是所谓的见色忘义，而是因为人类对亲密关系的需要是社会属性的核心。这种需要，是我们对安全、爱和归属的需要。其中归属需要是亲密关系的核心，也是人类长期进化的产物。

那么，我们为什么需要归属感呢？让我们从演化学角度来想象一下：在远古时代，我们的祖先都生活在遍布危险的丛林之中，四周到处是獠牙利齿的猛兽。在这种情况下，一个人生活很可能会遇到危险，而一群人生活有更多生存机遇，并且可以更好地繁衍后代。

而如果我们的祖先是一个个安静的美男子，爱好一个人静静地欣赏山清水秀的景色，不愿多与人交流，打猎采果子都是一个人，过着充实却孤独的生活。因为是一个人，所以很难猎捕巨大的野兽，也很难在生病时依靠他人的帮助活下来。哪怕活下来了，没有自己的后代，基因也无法延续下去。

在那种环境下，抱团取暖、与他人建立稳定持续又充满关爱的人际关系，就显得更加适应环境，符合物竞天择、适者生存的法则。而拥有抱团取暖个性倾向的早期人类，子孙后代更可能生存和繁衍。发展到今天的人类，都是那些抱团取暖者的后代。

在人类的互相帮助中，历史逐步发展。而人类的特质也缓慢地演化，变得极力寻求他人的认同和亲密接触。因此，从演化学上理解，人类慢慢变得更加在意在群体生活中的关系，更加需要归属感。

正如马克思所言："人的本质是一切社会关系的总和。"如果按照他的思路，为每一个独特的人下定义的方式也应该是阐明他的社会关系。这样一来，归属需要就成为必不可少的驱动力。如果一个人始终是孤零零的，那么他就不可能拥有一个通过与他人建立联系而得到的社会身份。

但只要有一个人，仅仅需要另一个人与他建立了亲密关系，我们就可以说"他是她的丈夫，而她是他的妻子"，他们两个人都可以通过这一亲密关系的建立而获得区别于其他所有人的社会身份。这应该就是归属确立的最小单位——两个人。这样一想，"是你让我拥有了姓名"，"是你让我成为世界上独一无二的存在"这些肉麻的句子就一下子变得浪漫起来。

相信我们都有同感：如果与他人的关系相处得好，自己会很快乐，相反则会很痛苦。尤其是具有亲密关系的两个人之间，如果相处得不愉快，那简直是"天大的事情"。这并不是危言耸听，而是有研究证明的。如果失去了亲密关系，人们会感觉孤单，性格也会变得孤僻，久而久之，会影响身心健康。据不完全统计，幸福家庭的人们的寿命往往会比离异家庭的人们更长。

正如有人说，握住爱人的手就能减弱人们面对威胁情境时的大脑的激烈反应；只要看看爱人的照片，身体的疼痛好像就不再那么强烈；有爱人接纳和支持自己时，甚至伤口都能更快愈合。相比之下，缺乏亲密关系可能会孤独无助，免疫反应变弱，更易患上感冒、流感……可以说，这个世界对单身狗真的不太友好。看到这，或许很多准备常年单身的心，又开始蠢蠢欲动。

亲密关系变化的根源

21世纪的现在，亲密关系和上一代人的经历又很不相同。打个比方，上一代人东西坏了会修，但是这一代人，东西坏了只会想着换。这种态度，也被用在了亲密关系上。遇到了问题，很多人第一反应不是解决问题，而是直接换个"没有问题"的人。

只要不是受虐狂，应该每个人都希望拥有美好的亲密关系。事实上却是，很多人终其一生没能得偿所愿。他们在寻觅伴侣的旅途中，不断地寻找、失去，再寻找、再失去，如此反复循环，直到寻得理想的伴侣。即使最终得偿所愿，有时亲密关系也会成为沉重的负担。在最初的兴奋与希望退去之后，随之而来的是不满与挣扎，甚至受到更加复杂的情绪的困扰。

原本应该美好的亲密关系，却变得越来越问题重重，而这些问题的真正根源似乎像个无解的谜，多种多样。

在这多种多样的原因中，社会工业化程度的提高便是其一。随着社会进步，人们越来越能接纳单身、包容离婚和支持晚婚。而如今全世界的经济发展水平都提高了，教育和财政资源的充裕，足以让人变得更为独立。与过去相比，女性尤其可能不结婚。而随着经济的衰退，更多的情侣为节省金钱生活在一起，同居人数明显增加，结婚率在赤贫人群中却在下降。因为，没有稳定的收入，人们并不愿意结婚。

另外，个人主义近些年也变得愈发突出。这种个人主义，似乎是从国外传过来的。但是，我们有了国外的个人主义，却没有做到国外人的自主自立。这种对自我实现的重视，会让我们期望从亲密关系中获取比上一代更多的东西：更多的快乐和享受，更少的麻烦和付出。而与上一代不同，我们只要对婚姻不满意，就会理直气壮地结束夫妻关系，重新追求满意的亲密关系。相较之下，东方文化更倡导集体主义的自我感，人们与家庭和社会团体的联系更为紧密。相比之下，集体文化国家的离婚率要低得多。

网络的发展也是重要原因之一。不敢与人接触的害羞和内向的人，在网上却可能活泼开朗。人们都有属于自己的个人页面，并习惯用这些个人站点来公布自己目前人际关系的状况。经由高科技沟通方式建立的友谊与传统友谊相比，也被人置于更优先的发展地位；经常交流文本信息的朋友，看起来也比只保持面对面接触的朋友更亲密。删除信息的方式完全避免了过去分手时因争论感情的对错而产生的繁文缛节。

现代生殖技术（如人工授精、体外受孕）的发展，也是影响因素之一。现代生殖技术能让妇女在还未与孩子的父亲谋面之际，就能从医院的精子库中获取精子，进而人工授精，独自生育后代。

目前更加受人关注的是性别比率失调。所谓性别比率，就是特定人群中每一百位女性对应多少位男性。如果性别比率高，则男多女少；性别比率低，则男少女多。一般情况下，高性别比率的社会倾向于支持老式、传统的两性性别角色：男主外女主内，妻子相夫教子，丈夫赚钱养家；在性生活上相对保守，新娘应该是处女，未婚先孕让人蒙羞，公开同居几乎绝迹。相比之下，低性别比率的社会则倾向于颠覆传统：鼓励妇女自立，默许婚外性关系的存在，如果不慎怀孕，成为未婚妈妈也无可厚非。

但是，我国目前国情有些特殊，虽男多女少，女性自主性却极强，对很多男性来说，寻找适合自己的亲密关系难度大大增加。

专家认为，社会规范的演变是有前提的，要满足那些掌握经济、政治和法律权力的强势人群的利益。同理，当男女数量发生变化时，亲密关系的规范总是向着有利于其中一方的方向变化。当性别比率居高时，女性稀缺。假如某个小哥哥幸运地得到某个小姐姐的芳心，小哥哥当然想长相厮守。反之，当性别比率偏低，女性过剩，男人就忍不住想要浪迹花丛，不太想被一个女人拴住。而面对这样的情况，女性就得工作，推迟结婚，以便亲密关系不再，还可以方便地离婚。

无论社会如何变化，亲密关系总是表达人生高低潮的一种艺术。正如所有的艺术一样，也需要个人天分、基本教育和不断的练习。尽管每段亲密关系都是独一无二的，但还是有一些共同点可以追溯。将这些共同点梳理之后，就可以采取实用的原则，并依据个人状况来解决具体问题，使我们的亲密关系升级成为全新的体验。

个人经历的影响

人际关系受到我们经历和经验的影响，亲密关系也是这样。过往的经历会影响我们在爱情中的依恋状态。那么，什么是依恋呢？"依恋"是我们寻求与某个人的亲密，而且当他在场时就会感觉安全。如果我们爱上某人，会希望与他亲密无间，与他关系的好坏，会决定我们是否感觉安全。而这种依恋模式，会受到个人经历的影响。

科学家们研究发现，当我们还是婴儿的时候，饥饿、尿床，或者受到惊吓，妈妈或者抚养者对我们的回应方式，会渐渐让我们产生不同的依恋模式。随着研究的进展，科学家们发现依恋类型普遍分为四种：安全型、痴迷型、恐惧型、回避型。

安全型：在情感上无论是依赖他人或者被人依赖，都能让自己感觉安心，这类人不害怕独处，也容易被人接纳。当我们儿时被照顾、安抚，就会觉得对方是安全的、可信任的，这样就发展出了安全型依恋。

痴迷型：这种类型相对极端，希望将感情全部投入在情感上，但往往会发现，他人并不一定乐意把亲密关系按照自己期望的那样发展。如果没有亲密关系，就会感觉到不安，担心对方爱自己不够，希望对方像自己一样全心全意付出。这种类型的产生，一般源于在婴儿时期哭喊时，慈爱的抚育者总是如约而至，得到此种呵护的小宝贝们就能舒心地依赖他人，觉得他人可以信任，能从别人那里获得安全和友善。结果，这些儿童就发展成痴迷型依恋。

《婚姻保卫战》曾调侃过这样一位男人：男方十分紧张恋人，对恋人接触的一切异性随时保持敌意，时刻担心恋人被抢走。这样的人，就是典型的痴迷型依恋。他的这种痴迷，让身边的人很不适应，也十分苦恼。

恐惧型：这种人对亲密关系有恐惧不安的感觉，虽然感情上渴望亲密，但很难完全相信别人，也不敢依赖他人，希望关系更进一步，但是又怕会受到伤害。通常情况下，这些人儿时大人对他们的照顾无法预测，并且并不持续：大人心情好的时候会对他们热情关注，心情烦躁的时候就对他们心不在焉、不耐烦，有时根本不出现。久而久之，孩子就会对他人产生焦虑、复杂的感情，产生恐惧型依恋。

回避型：这种人认为有没有亲密关系都无所谓，甚至有些刻意回避亲密关系。对他们而言，独立与自给自足更重要。他们不喜欢依赖他人，也不喜欢被人依赖。这种类型的产生，主要是因为父母或者抚养者在照顾孩子时，带着拒绝或者敌意，勉强而为之，对婴儿的哭喊漠不关心。孩子就会认为他人是靠不住的，因而在与他人的关系上畏缩不前，表现出回避型依恋。这种类型的人常常怀疑他人，甚至迁怒他人，不容易形成信任和亲密的人际关系。

在一次心理调查中，40%的人认为自己很难信任和依赖伴侣，还有人十分担心自己的亲密关系能否持续。这些被调查者也同时报告童年经历和对亲情、爱情的态度，结果表明这些情况和他们的依恋类型是一致的。

当然，这种依恋类型的划分并不十分全面，每个人的程度会有不同，随着后天环境和人际关系的发展，也会有不同的改变。我们并不会被动地受到童年经验的束缚，依恋类型不断地受到我们成人后的经历的影响。随着时间的推移，依恋类型的确会发生新的改变。例如：一次悲痛欲绝的分手，会让原本安全型的人不再有安全感；一段如胶似漆的恋情，也能慢慢让回避亲密的人不再怀疑或戒备亲密关系。依恋类型虽然受到儿时经历的影响，但是也会随着接下来的经历慢慢改变，而改变的钥匙就在我们自己的手上。

我们对爱情的看法，是由我们体验到的亲密关系所决定的。你是哪种类型呢？你是否十分信任自己的伴侣，相信伴侣爱着你？或者你在时刻担心对方是否不再喜欢你，将会离开你？其实，如何去爱，如何去经历，都掌握在我们自己手中。愿你能正确爱人，幸福被爱。

个体差异的影响

不同依恋类型的形成,形成了不同的个体特征。例如一个痴迷型的人和一个回避型的人相处,痴迷型会觉得对方冷淡、疏远,觉得自己的付出没有回报,久而久之会焦虑、不安、气馁,总觉得不如和安全型的人相处来得愉快;回避型会觉得对方过于黏人和疑神疑鬼,不如自己轻松自在。其实,这背后除了个人经历的影响,还有个体差异的影响。对于个体差异,我们一般可以从四个方面来探讨,分别是性别差异、性认同差异、人格差异和自尊差异。

性别差异

曾经有一句话十分流行:"男人来自火星,女人来自水星。"由此可见,男女之间的差异是巨大的,都不是十万八千里的距离,直接跑到了外太空。男人和女人,往往都不懂对方心里在想什么。男人说,女人的心思你别猜;女人说,男人的世界你不懂。也有人说,女人是书,男人是猪,永远不要指望猪能读懂书。

但是,通过统计学研究方法,研究男女不同行为和观点的正态分布,研究者得出了如下三个结论:一是两性差异确实存在,但非常小;

二是男人和女人性别内的行为和观点差异远大于两性之间的平均差异；三是由于两性的行为和观点在正态分布上重合的程度很大，以致即使平均得分低的性别当中也有许多人的得分高于另一性别的平均得分。

总的来说，由于两性之间的共性如此之多，所以在人际关系科学研究的许多维度，其相似性远高于差异性。所以，男人来自地球，女人也来自地球，男女之间，只需要互相探索，互相琢磨，便能好好相处。

性认同差异

性别差异源自两性生理性差异，而性认同差异则是由后天文化、教育和习惯引起的两性在社会性和心理上的差异。例如，生儿育女之后，女性为母亲，男性为父亲，这是性别差异；认为女性比男性更有爱心，更关心孩子的社会共识，则是性认同差异。这种性认同差异并非自然本性，大部分是在成长过程中形成的。

从社会期待方面看，人们总是希望男人要有"男子气"，自信、独立、果敢、能干和好强；而女人要有"女人味"，热情、敏感、感情丰富和友善。这是社会期待的"正常"男女应该有的行为模式。似乎只有这样，男人才能是男人，女人也才能是女人。就连恋爱中的男女也会彼此担心，他/她会不会认为自己不够男人或不够女人。

人格差异

人格也称个性，从个体差异来讲，每个人都是唯一的，每个人都有属于自己的人格特点。尽管具有差异，但总能总结出具有类似、相反的人格特征。为此，人格专家把人们在诸多方面的差异分为五个特质：

1. 外倾性：这种人格具有开朗、热情、合群、喜欢社交等特点；与其相对应的是谨慎、内敛及害羞。

2. 宜人性：这种人格具有很强的同情心，喜欢与人合作，并且对人真诚，也值得信任；与其相对应的人格则是易怒、暴躁，对人充满敌意。

3. 尽责性：这种人格勤劳、自律、有序，值得依赖；与之相对应的人格则表现为粗心大意，给人不靠谱的感觉。

4. 神经质：这种人格容易患得患失，并且善变、焦虑，甚至会动不动就会情绪失控。神经质倾向往往引起亲密关系的摩擦、争执，让人悲观。神经质越强，人们对亲密关系的满意度越低。

5. 开放性：这种人格富有想象力，具有艺术气质，不墨守成规，更加灵活，生活也更丰富多彩；与其相对应的则是按部就班、拘泥、僵化和教条主义。

人格的认同，在与亲密关系的相处中也会表现出很大的差异。人格差异影响着亲密关系的程度，亲密关系也影响人格的变化。糟糕的亲密关系会让人变得更焦虑、更神经质，而热情、幸福的亲密关系会逐渐让人变得随和、平易近人。

自尊差异

自尊也叫自尊心，是人格自我调节结构心理成分，是一种自重、自爱、自我尊重。人们对自我的评价构成了自尊，并要求受到他人、集体和社会的尊重。自尊有强弱之分，自尊心强表现为自信，过强则成自恋，过弱则变成自卑。

自尊是亲密关系测量仪，自信的人表现得自信、有魅力，并且相信对方和自己一样深深爱着自己。即使在亲密关系中遇到挫折，他们也会努力地想方设法去解决，拉近和伴侣的距离；而自卑的人脆弱、敏感、多疑，往往会低估伴侣对自己的爱，对亲密关系能否持续并不乐观，甚至会损害亲密关系。遇到困难时往往会防御性地把自己隔离起来生闷气，觉得对方并没有多么关心自己，容易放弃这段感情。

当然，自恋的人也有许多问题，他们往往自我感觉过于良好，看待问题不够客观，也会导致很多亲密关系之间的矛盾。相形之下，自信的人更健康、幸福，他们对同样的小磕绊不以为意，信心十足地与伴侣共同面对生活，并期待伴侣对自己的接纳和正面评价。

人类本性的影响

古人有云,"食、色,性也",食欲、色欲、性欲等都是人类本性。而我们这里要说的,就是人类本性对亲密关系的影响。人类繁衍后代是天性,又有很强的适应能力,因此,为了能够让自己的基因顺利遗传下来,男性会选择交配更多的伴侣,以繁衍更多后代;而女性因为身体构造因素,需要投入大量的时间来孕育、抚养孩子。于是,不同的本能决定了不同的行为。一般情况下,我们将亲密关系的人性本能心理分为三个基本阶段假设。

阶段假设1:人类天然的性选择使人类成为今天的强势物种,这意味着性选择能更成功地繁衍后代,并继承发扬人类基因的优势。早期的人类,寻找与异性"亲密合作"的那部分,可能比那些不合群的"独行侠"更容易繁衍后代。经过长期的演化,与他人交好的愿望也有了遗传性。

阶段假设2:演化心理学认为,两性之间之所以有不同的性行为方式,只是因为他们面临着不同的繁殖困境,双方为繁殖投入的时间和精力有很大的差异。对于男人而言,他们为了繁殖可以付出的最低代价就是一次射精。如果有可能,他们可以找到足够多的女伴,让她们为自己生儿育女。因此,男人一生可以有N个后代。而女人则不同,她们只有在绝经之前才能够怀孕生子,并且,每生养一个孩子都需要投入大量的时间和精力。有研究表明,女人一生适合生育的极限次数是十二次,再多便会使身体受到很大程度的伤害,后代的身体状况也会受到影响。这种天性,造成了双方在性选择上的差异。

阶段假设3:随着社会的进步,演化形成的行为模式更加具有适应性。避孕工具等生殖技术的发明,让女性对自己的生育具有了控制权,女性对待亲密关系的选择有了一定的变化。另外,随着对性传播相关疾病的认识,人们对待亲密关系的看法和选择也有所不同。当今社会想要繁殖后代,更多的男性选择忠于一夫一妻制,鼓励对方为其怀孕生子。

在不同的阶段中,两性会产生不同的择偶策略。在原始社会、传统社会中,由于男性在生育中投入的成本低,为了更成功地繁衍后代,他们会追求短期的、数量更多的性行为,以数量保证繁衍,并力求和漂亮的(预示良好的基因)和性感的(预示强大生育能力)发生更多的性行为。

在生养孩子投入上的生物学差别,影响了男女双方选择配偶的策略。所以,男性选择性伴侣时就不会这么苛求,较为随便,而女性在选择性伴侣时更加谨慎,于是便有了"女怕嫁错郎"的说法。这种思想不仅在传统社会根深蒂固,甚至在当今社会,也影响着很多人。

同时,男性还受到另一个繁衍问题的困扰:女性能够确定自己生的孩子是自己的,但是男性无法确定女性所生的孩子是否为自己的亲生骨肉,也就是所谓的父系不确定。因此,他们对伴侣(尤其是漂亮性感的)红杏出墙的威胁分外警觉。

另外,人们在短期和长期性行为策略上的不同,也可以用演化学的观点来解释。男人的本性决定了他们比女人更渴望短期的性关系,甚至是与多个伴侣保持短期的风流关系。而当男人建立新的亲密关系之后，也会比女人更早发生性关系。于是，在短期内容易发生性关系的女人对男人更有吸引力。然而，如果男人想安顿下来的时候，常常偏好贞洁的人作为自己的伴侣。于是，男性更倾向于和"好女孩"结婚，喜欢和更多"坏女孩"保持短时间的亲密关系。也就是传说中的"家里红旗不倒，外面彩旗飘飘"。

而当今社会，女人却表现出不同的模式：女人选择短期性伴侣的时候，更看重性感、强势、有魅力的男人；当选择丈夫时，很多把经济前景作为首选，他可以不是最性感的那个，但必须是最有安全感的那个。

爱的五种能力

爱不仅需要本能，更需要能力，想好好地爱一个人，需要具备爱的能力。所谓爱的能力，并不是单纯的特定能力，而是一种综合能力，其中包含了五个方面。这五种能力，也是情商的体现，实际就是情商在婚姻和爱情里的具体运用和体现。有人说，人能不能幸福，与和谁生活在一起无关，与自己有没有爱的能力有关。有了爱的五种能力，跟谁在一起都会幸福。

那么，这神秘的五种能力分别是什么呢？

1. 情绪管理

管理好自己的情绪，才有能力去爱别人。这是适合每个人的真理。如果不能管理好自己的情绪，那么常常会让自己和相爱的人都非常痛苦，容易错失爱人，甚至会伤害别人。

在《爱情保卫战》中，经常会看到男女嘉宾在节目现场情绪失控，甚至大打出手。在场老师点评的时候经常提到，如果在这样一个公众的场合，你们都不能控制自己的情绪，那么你们平时的生活，该是多么地鸡飞狗跳。这不是爱情，简直就是战争。只有学会了管理自己的情绪，才有资格说爱别人。

2. 述情

所谓述情，是指用不伤害亲密关系的方式来正确表达自己的需求、感受和愿望。在亲密关系中，人们常常会犯一个错误，就是不会用正确的方式表达自己。有的人有了情绪或需求选择沉默不语，闷在心里让对方猜，自己都要憋死了对方却毫不知情；有的人常常用指责和抱怨的方式去和对方沟通，最终，沟而不通，反而爆发了"世界大战"。

隐忍伤害自己，抱怨伤害对方。而用最合适的沟通方式，让人明白"原来你是这么想的"，则会事半功倍，让亲密关系更加亲密。

3. 共情

所谓共情，是理解并支持对方、善解人意，这是处于亲密关系中的每个人都渴求的。每个人都希望心爱的人可以支持自己、理解自己，与自己心有灵犀一点通。

但事实上，很多人做不到这样。我们都太过习惯于从自己的立场出发，去说服对方接受。正如很多人会觉得自己的爱人很难沟通，莫名其妙地生气，殊不知你的一个动作表情，都可能成为压倒骆驼的最后一根稻草。很多时候爱人要的不是讲道理，而是理解与支持，是共情，是感同身受，是"我说的你懂，我不说你也能体会"。

4. 允许

允许能力，是学会尊重双方的差异、允许对方成长。很多相爱的人发生争吵，并不是因为多大的矛盾，经常是因为不允许所导致。他们不允许对方跟自己想的不一样，不允许对方有缺点，不允许对方不优秀，想要控制对方、改变对方，让对方成为自己想要的样子。

其实，爱就是要给予你爱的人空间，包括给他犯错的空间、成长的空间。每个人都不是十全十美的，包括自己。爱人之间，要学会允许，学会爱他们的缺点，学会爱他们的成长。很多女孩会抱怨自己的爱人"变了"，不是自己心目中的那个他了，其实，可能并不是他变了，而是他在成长，而你还在原地。

5. 影响

每个人都会变，不同的是，是越变越好还是越变越坏。在亲密关系里的人更是会因为对方而变，这就是影响的能力。我们要努力做的，是做好自己，然后，影响对方也变得越来越好。

在爱的五种能力中，每种能力都很重要，并且，五种能力相互影响。越是排在前面的能力越是基础，如果基础不好，那么也就谈不上后边的能力。

例如，一个人连情绪都管理不好，经常对别人发脾气，那他就做不到述情、共情，也就谈不上能够给爱人带来什么好的影响，不给对方造成阴影就不错了；一个人不会正确表达自己的感情，也就不能引导对方变得越来越好，因为影响很多时候是需要依靠述情完成的；一个人如果不能做到允许，那也就做不到共情，如果只想用自己的方式去改变对方，那么结果可能会适得其反，对爱人起不到积极的影响。

人人都想要感情生活幸福，但幸福的感情生活并不是别人给予的，往往是我们靠自己的努力创造出来的。幸福没有捷径，需要靠爱的能力进行经营。有了爱的五种能力，跟谁在一起都会幸福。而衡量一个人是否具有爱的五种能力，除了看自己和爱人是否幸福，更要看自己和爱人会不会成长得越来越完整。

索取还是奉献

在亲密关系中，有索取有奉献。在良好的亲密关系中，索取和奉献应该是相互的，无论哪一方索取得多、奉献得多，都会影响亲密关系的平衡。这里有一个小测试，你可以自测一下自己在感情中是索取还是奉献。测试题如下：

如果你遇见了一位自称具有魔法的人，他给了你一个可以随意恶搞他人而不被发现的机会，你会怎么恶搞身边的人呢？

选项：
A.偷偷将所有人的头发全都剃光
B.让所有人衣裤全都变成无色透明的
C.让所有人立刻消失回家
D.什么也不想做，觉得无聊

答案：

选择A的人，毫无疑问的索取型，将别人的付出视为理所当然。这种人很可能从小被宠爱着长大，总认为别人为自己付出是理所当然的事。喜欢被异性包围，即使自己已经有了男/女朋友，如果别的异性不对自己另眼相看，还是会不高兴。

选择B的人，虽然属于索取型，但会因人而异，"看人下菜"。只有面对喜欢照顾他人的对象，才会提出无理的要求。如果对方也是个索取型的人，就会很聪明地不再去要求。对恋人很任性，但是，面对自己真心喜爱的异性，会觉得"如果一味让对方付出，或许有一天就会被嫌弃"，于是，也会萌生出奉献的念头。

选择C的人虽然乐于奉献，却情绪多变。他们喜欢帮助别人，不需要强迫就会为对方付出，周围的人会对他们有好感。但是，他们往往情绪有点儿多变，下一分钟可能就突然甩开对方，不理不睬。如果能控制情绪，这种人就会更可爱。

选择D的人，是妥妥的奉献型，甚至爱心有些泛滥，一见到陷入困境的人，就会不自觉地想为别人做点什么；只要是恋人想做的事情，都会不遗余力地给予帮助。这种充满爱心的做法是值得提倡，但感情之中太过热心也会令人反感。

除了以上感情中索取和奉献的自测，我们还要说一下另一种"索取和奉献"——亲密行为的索取和奉献。亲密行为，俗称"滚床单"，是亲密关系中的重要组成部分，它既有可能成为爱情的升华和加强器，也有可能成为破坏双方感情的罪魁祸首。因为"滚床单"不单纯是一种亲密行为，它同时也是一种认识、了解、看透、揭穿一个人的方法。人们往往能够从中看出来对方对爱付出得多还是索取得多。

首先，要注重你情我愿。

如果发现自己经常会处于亲密行为的被动状态，不管你是精力不足或是身体欠佳，他/她都有可能会做出不通人情的"霸王硬上弓"之举，那么，你就要重新考虑下这段关系。因为，只顾着自己一时兴起就要求对方完全配合的人，总是做什么事都以自我为中心，听不得别人的拒绝，而且极其没有耐性，做事不计后果。

"强扭的瓜不甜"，这是每个人都知道的道理，尤其是亲密行为，更要注重你情我愿。只顾自己不顾他人意愿，严重者甚至会触及法律。

其次，不要一味做省力派。

男人主动、女人被动，似乎成了亲密行为的一般规律。男人都有征服欲，女人最容易被动地或主动地成为省力派。并且，当男人非常专注在一件事上时，常常会全情全力到不留给对方发挥的机会，这种状态，女人显得更加温柔温婉、楚楚可人，为了保持自己的淑女形象，她们也就顺其自然地甘做配角。

但是，如果次次都是这样，对男人来说也不够公平，毕竟，这种体力和精力付出的不均衡，也会导致双方精力的不对等。男人经常精疲力尽，女人意犹未尽，不利于亲密关系的和谐。

其实，不管是男人还是女人，偶尔在亲热的时候偷一下懒也是可以的，但若是每一回都这样置身事外、坐享其成的话，就会让人感到只知索取、特别自私。省力派人人都想做，不能一方独占，双方互相配合，才能让亲密行为更有意味。

再者，要关注对方感受。

有人说，最自私的人莫过于从来不关心对方是否愉悦的人。亲密行为不是一己之欢，而是双方共同拥有。具有奉献精神的人，会在过程中一直惦念着对方的感受，想要通过自己的卖力表现来取悦对方，如果对方没有获得愉悦，那就等同于自己的失败。而那些眼中只有自己的人恰恰相反，他们想的是如何依靠自己的魅力来让对方取悦自己，靠甜言蜜语甚至是虚情假意，而不是给对方带来益处的实际行动。如果你发现亲密关系的另一方只是把自己当成了泄欲工具，还是避而远之的好，否则只会让自己既伤身又伤心。

亲密行为本身既是一种索取，又是一种奉献，有时你处于索求的状态，有时则处于奉献的状态，任何一方都同时具有配合对方的义务和获得满足的权利。无论是谁，都不要把亲密行为看成是对方的事，总是处于被动、观望，甚至是拒绝的角色，而应主动参与、积极投入，共同分享快乐。在对方身体疲惫、不适时，也不要主动提出亲密要求，更不能因为自己的需求未能得到满足就心生怨恨、指责对方，否则原本是能稳固感情的好事，就会变成让两个人相互指责、相互埋怨、相互猜忌、相互憎恨的依据。

好色男与好色女

人们对两性审美取向的普遍看法是"女人爱美,男人好色"。提起"色"这个字,我们总会把男人的形象与之联系起来。这并非冤枉了他们,看见美女会流口水的是男人,热衷于到处搜罗A片看的是男人,总喜欢盯着女人的性感部位看的也是男人……似乎"好色"已经成为男人的专利。

其实男人好"色"的本质不过就是好"性",他们用好色的表象来表达最原始的生理欲望。在男人的眼里,漂亮的容貌和火辣的身材最能满足他们好色之心。色狼、色鬼、色魔,好色也有很多不同的程度,很多男人达不到这么"专业",然而只要是他多看了某个女人一眼,就会被打上"好色"这个标签。

那么,是不是只有男人才好色呢?答案是:好色并不是男人的专利,不仅有好色男,也有好色女。看到合自己口味的小哥哥,女人也会忍不住春心萌动,只不过,男人和女人在好色时的想法和行为大不相同,各有侧重。

不同1:男人喜欢看裸露撩人的异性画面,女人则不热衷这个。

很多男人喜欢意淫,某些色情杂志、电影的出现正是这种供需关系的表现。男人在意淫的时候，要是面对着一堵墙或天花板，他能幻想的场景肯定是又单一又乏味，他能幻想到的女主角也一定千篇一律、毫无新意。为了更好地完成意淫，他们非常需要视觉刺激来帮助自己提升想象力，这样一来，幻想的场景就变成了加油站、酒吧、树林、天台、宾馆，幻想的女主角也变成了各种各样的形象，火辣的、清纯的、性感的、知性的……

相比之下，女人的意淫就显得简单很多。女人的"好色"天赋也是与生俱来，她们不需要借助图片，就可进行天马行空的幻想，几乎每个女人都拥有着无穷的想象力，画面或许只会画蛇添足地限制她们发挥。

不同2：男人喜欢盯着女人某个部位看个不停，而女人看男人有流程。

有一个男人之间的经典的问题：女人的胸、臀和大腿，先看哪一个？似乎女人的这几个部位被注入了磁性一样，总是能把男人的视线吸引过来。就算是这个女人相貌一般，整体身材一般，只要她们的关键部位可圈可点，男人们也是能够多看几眼的。但他们的色心也仅仅止步于看看而已，要是情不自禁地上手一摸，将"优雅"的好色变成了"下流"的骚扰，换来的肯定是怒斥和巴掌。

而女人在盯着男人看这方面则不同，她们最关注的是男人的相貌、身高、整体身材，而且也是按照这个顺序来取舍的。第一眼看相貌，难看？那就再不会看第二眼；帅气？那就再来看身高。居然还没有自己高？略带优越感地发一张"好人卡"给他；黄金比例差？那就再来看身材。身长腿短、瘦弱不堪、大腹便便？淘汰；玉树临风、无死角美男？必须买杯咖啡坐下来看上一整天啊！与男人最大的不同是，女人常常把与性有关的部位放在最不重要的位置。

不同3：男人看见美女会流口水，女人看见帅哥会触电。

影视剧里最惯用的表现男人已起色心的镜头就是：喉结一动，吞咽口水。看见心仪的女人时，男人会有一种自然的生理反应，当他已经不自觉地开始意淫时，生理反应将显而易见地发生。当他还没有反应过来自己已经被深深吸引时，嘴里持续增加的口水量已然出卖了他的心。

虽然无厘头的影视剧中也有女人看到帅哥流口水的情节，但是那几乎不会发生在现实中。当女人被某个小哥哥敲开了心扉时，她会有一股麻酥酥的触电的感觉，外在表现就是动也不能动，说也不能说，反应立刻变得迟钝起来。

不同4：男人喜欢谈论女人的身材，女人谈论男人的举止言行。

谈天谈地谈女人，是男人的一大乐事，对女人评头论足，是男人们茶余饭后的日常。男人好色的眼光往往很肤浅，停留在皮相，例如：这个小姐姐胸不错，那个小姐姐腿真长。而且他们很多时候是在用天花乱坠的言语来满足虚荣心和意淫，保持了男人们一贯的吹牛语风，没几个能够反映出真实的情况。

女人在好色的过程中则渗入了自己的感情，她们的品评和观瞻，往往超越了皮相的限制。闺密之间的交流要比兄弟之间的交流更加深入，话题更现实、具体、实用，这得益于女人的感性思维。对于女人来说，一个男人的外表、行为、素质、语言、举止，都值得拿来说一说，从体形外貌到某些内在的潜藏特质，从生活中的习惯到他日常的表现，各种或令人醉心感动或令人疑惑不解的细节问题都可能会聊及。

男人和女人都"好色"，这是人之常情，也是天性，没必要谁嘲笑谁。只是好色男与好色女的侧重和表现各有不同，只要不伤害他人，偶尔意淫也无伤大雅。

贞操是从丰富的爱情中生出来的资产。

看了《欢乐颂》的小伙伴们，一定对其中一个情节印象深刻：邱莹莹在一次聚会上被男朋友应勤得知不是处女，保守派应勤无法接受女孩有过婚前性行为，并认为这是女孩最大的"污点"。这段剧情播出以后，在网上引起了一段热议。有人惊叹：21世纪了，处女情结竟然还能成为话题！这么甜蜜的两个人，却因为这个问题分开了，着实让人觉得遗憾。虽然后来两人又和好如初，但是我们不得不仔细想想：处女之身真的就这么重要吗？

曾经有位女德讲师丁璇说过，最好的嫁妆就是贞操。似乎一个女人的品德、性格、能力、家世、背景等，都要为贞操让路。一时间，舆论喧嚣，有网友表示，这些言论是对女性的歧视和禁锢。

但现实中，具有"处女情结"的人为数不少。上海市家喻户晓的名牌电视栏目《新老娘舅》和《一呼柏应》的嘉宾主持柏万青就曾在节目中公开表示，贞操是女孩给婆家最贵重的陪嫁。虽然被网友狂喷观念过于守旧，但也有不少网友对柏万青的观点表示认同，认为在当今这样一个过度放纵、道德崩溃的时代，重提节操也是一种有益之举。

可是，贞操真的就只是那一层膜吗？有些男生不可一世地只要处女，有些女生把破处当作人生污点，甚至总有人在背后嚼舌根说这些女生私生活混乱。相爱的人，难道爱的不是对方的人而是身体？那么假如，有个花枝招展的性工作者做了处女膜修复手术，是不是就变成了自爱自重的好女孩了呢？为了所谓的贞操，甚至有人付出了惨痛的代价。

2017年，年仅二十六岁的台湾女作家林奕含自杀身亡，多年前她被补习班老师诱奸一事也被曝光，事件轰动整个台湾社会。她生前接受采访曾说："这个故事折磨、摧毁了我一生。"林奕含的自杀事件才过去没多久，因为《摔跤吧，爸爸》的热映，网络上阿米尔·汗做节目主持人时采访的一位老者的话又引起了关注。

她说："是谁把女性的贞操放在了阴道里？"正如一个女人被强行侵犯，那么失去贞操的，不应该是受害的女人，而是侵犯她的犯人。

是啊，女人的贞操，不应该是那一层膜，而应该是从丰富的爱情经历中滋生出的成熟、勇敢、自信、自尊、自爱。

在一次女性创业的聚会中，有人谈到了这个话题。她们之中有很多人是没有婚前性行为的，把第一次留给自己的伴侣，这是自己的选择，与他人无关。不一定要以此为荣，也不要认为别人没有将第一次留给伴侣就是耻辱。

同样的,她们中也有很多在婚前有过性行为的人,她们都在上一段感情中认真投入过,才会遵从自己的意愿奉献自己。在她们心里,自己仍然是独立、自尊、自爱的人,仍然纯洁而美好,和那层膜毫无关系。这才是现代人应有的包容,也应该是目前对于所谓贞操最合理的解释。

　　在如今男女平等的环境下,如果你还把女人的贞操和那层膜画上等号,那将是何等的讽刺和侮辱;一个真正的新时代女性,绝不愿意被当作物品一样衡量新旧。一个真正自爱、自尊、强大的人,也绝不会接受这种精神道德上的强奸。

　　希望各位都是因为爱才选择和彼此在一起,如果真的爱到深处难以自控,那么请珍惜因为爱你而付出一切的他/她。即便最终没有完美结局,也要勇敢自信地抬起头来,相信美好的你们,值得拥有更美好的一切。

肉体、灵魂，关于背叛的双重标准

在聊这个话题之前，笔者想先让大家了解一个故事："柯立芝效应"。美国前总统柯立芝和第一夫人在不同时间去同一个政府农场参观。柯立芝夫人询问农场主公鸡多久交配一次，得到的回答是一天几十次，于是她说："请把这个答案告诉总统。"柯立芝总统听到农场主的转述后问道："公鸡每次都是跟同一只母鸡交配吗？"他得到的回答是公鸡与不同的母鸡交配，于是他说："请把这个答案告诉夫人。"

这个故事反映了男人和女人对待亲密行为截然不同的态度。女人看重的是男人在亲密行为上的专一和尽职，男人则倾向于与不同的女人获得新鲜体验。所以婚后"开小差儿"的那一方，既可能是对丈夫的性能力感到不满意的女人，也可能是对妻子产生审美疲劳、想要寻求新鲜的男人。但在各种原因的影响下，似乎男人"开小差儿"的概率要远远大于女人。

那么，为什么男人比女人更容易"开小差儿"呢？

研究人员进行过这样一项试验，他们让一位年轻美貌的女性走近一位男士，并随机向他提出以下三个问题中的一个："今晚你愿意和我约会吗？""你愿意和我一起回我的公寓吗？""你愿意和我发生亲密关系吗？"50%的男人对第一个问题表示愿意，69%的男人愿意陪对方回到住所，75%的男人愿意与眼前这个漂亮的陌生女人发生亲密行为。

但是，那些拒绝与其发生亲密关系的男人，往往是用饱含歉意和惋惜的语气加以拒绝或者寻找托词的，或许他们有色心没色胆，身不由己吧。由此可见，好奇心理、冒险心理、征服心理也是男人们容易"开小差儿"的原因所在。男人的"开小差儿"不是奔着爱情去的，只要对方具有一定的性吸引力和主动意愿，他们都不会深入考虑对方的人品、性格、出身、经济条件等与婚恋相关的择偶因素。

而女人"开小差儿"的情况与男人有所不同。依然是刚才的那项试验，当他们让一位年轻帅气的男性走近一位女士问出同样的三个问题时，50%的女人愿意约会，但只有6%的女人愿意陪对方回到住所，没有任何一个女人愿意与这个陌生男人直接发生亲密行为。由此可见，女人在"开小差儿"对象的选择上有些挑剔，她们会顾及自身的安全或是坚守自己的择偶原则而慎重地做出决定。

除了以上研究，还有不完全统计表明，一百个"开小差儿"的男人里，有九十个男人总是能轻易原谅自己肉体"开小差儿"的行为。而在面对女性肉体"开小差儿"的时候，绝大多数男人却不会轻易原谅。在"开小差儿"这件事上，他们常常惯用双重标准。

传统的东方人认为背叛的标志是肉体"开小差儿"，只要是婚后和非伴侣的人有了性行为，那无疑就是背叛，不管灵魂是否"开小差儿"；而开放的西方人认为背叛的标志是灵魂的"开小差儿"，无论"开小差儿"者在婚后有过多少个性伴侣，只要他还一心一意爱着合法伴侣，那就不算是背叛。因此，很多男人在"开小差儿"的时候，时常选择西方标准来对待自己，而当对方"开小差儿"的时候，他却又选择了东方标准。

男人的这种心理，是性爱的排他性在起作用，表现在抗拒其他人对自己的伴侣进行任何含有性意味的亲近行为。男人都有着强烈的占有欲，这与他们身为一个男人的自信和骄傲息息相关，他们看待自己的伴侣就如同看待私有财产一般。若是属于自己的物品遗失、出走、被偷走，简直是在对自己的权威和能力发出挑衅，他们无法容忍自己的所有物被别人使用。男人常常会有"处女情结"，也是一样的道理。

而相对于肉体"开小差儿"，女人灵魂"开小差儿"的概率更大。很多女人心中住着一个另外的人，但是仍然为现有的伴侣守身如玉，这与大环境和女人内敛、谨慎的思维有关。当今社会，相对于男人肉体"开小差儿"，女人肉体"开小差儿"更难获得原谅。对于女人来说，肉体"开小差儿"代价很高，而灵魂"开小差儿"则风险更低，被原谅的可能性也更大。

一项调查结果显示，那些"开小差儿"的男性中有56%的人觉得自己的婚姻是"非常幸福的"。为何这些婚姻幸福、对妻子很满意的男人还会选择"开小差儿"呢？因为男人天生就对性伴侣有着多样性的渴望，而且男人的性欲和食欲一样，来也匆匆去也匆匆，很少和感情有着紧密的关联。即便是跟其他女人鬼混之后，男人心里的懊悔、愧疚、自责、惶恐之感也不会一发不可收拾，他们觉得性只是性，不涉及爱情，也无关承诺。只有当他们发现自己爱上了"开小差儿"对象之时，男人们才会心烦意乱。

正如现实中很多女人在发现男人"偷吃"之后，只要心还在家里，也会选择原谅，但是，一旦发现男人爱上了"小三"，则会难以接受。同样，男人发现女人爱上别的男人之后，只要没有发生实质性的亲密行为，便容易选择原谅，但是，如果已经发生了亲密行为，男人通常会选择离婚。这就是肉体和灵魂背叛的双重标准在起作用。

【温馨蜜语】世间完美的亲密关系，从来不是命中注定，如果迷信于"上天注定我爱你"的宿命，寄希望于心有灵犀、一劳永逸的完美关系，而不肯为彼此付出努力，那么，你将永远领悟不到亲密关系的真相。

第 二 章

绝对的爱和性

其实,性和美是一回事,就像火焰和火是一回事一样。如果你憎恨性,你就是憎恨美。

———

亲密关系心理学

动物的交配，人类的性爱

同样的性行为，在动物界我们称之为交配，在人类世界，它有着更多的、更富有深意的名字：性爱、做爱、房事、爱爱、"滚床单"、上床、造人、炒饭、OOXX、嘿咻……这不仅仅是名称上的区别。人类的性是有别于动物的性的，这也是我们生而为人的特性之一。下面我们就来看看二者虽然相似但区别明显的一些表现吧。

动物的性行为是一种出于繁殖本能的举动，而人类的性行为不仅仅是为了繁衍后代，还有更多其他的意义。那些与人类关系甚远的动物，研究它们的性对研究人类的性帮助并不大，我们就不做对比了。与人类最近的血亲是黑猩猩和倭黑猩猩，它们的性行为值得我们去观察和钻研。那么黑猩猩和倭黑猩猩的性行为有什么特点，人类在性爱领域更像谁呢？

黑猩猩在性行为上秉承着"有了权力也就有了性"的理念，走的是渴求权力、崇尚暴力的模式。因为黑猩猩的世界里有着颇为森严的社会等级，处于统治地位的是雄性黑猩猩，其基本控制着与母黑猩猩发生性关系的机会。谁的地位高，谁就能与更多的母黑猩猩交配。同时，为了彰显自己的权力和地位，黑猩猩们不惜付诸武力，甚至赔上性命，只为了获取与母黑猩猩交配的机会。

与黑猩猩不同，倭黑猩猩的理念是"有了性就有了权力"，在性行为上走的是爱好和平、纵情声色的模式。因为在倭黑猩猩的族群里，雌性处于统治地位，类似于人类原始社会中的母系社会，谁能与更多的母倭黑猩猩交配，谁的地位就高。因此，公倭黑猩猩们不需要大动干戈去提高社会地位，雄性之间的攻击行为较少。它们只要做好自己最擅长的事情——交配就好。即便是雄性之间出现了分歧，它们也会通过与雌性交配的成果来决定谁赢谁输。

从黑猩猩和倭黑猩猩的行为对比中，我们可以从中隐约看出人类男女之间不同的性驱动力。对于男人来说，他们更像是黑猩猩，认为个人魅力和权力的最高表现就是不请自来、接踵而至的金钱和美女，与女人发生关系是一件很值得夸耀的事情。对于女人来说，她们则与倭黑猩猩类似，将亲密行为看作是征服男人的最好策略，为了获得控制男人的权力和更高的社会地位，她们会把与男人发生性关系当成一个具有挑战性的目标。正如曾经流行的那句话："男人有钱就变坏，女人变坏就有钱。"

虽然人类与黑猩猩、倭黑猩猩之间的相似之处不少，但仍有一个不容忽视的本质区别：人类是唯一能够维持长期配偶关系的动物。正是这一区别，让人类得以进化。在最原始的时候，人类会采取各种方式，不断强化配偶联系，最终组成一个稳固的家庭及形成一个稳定生活环境。这不仅会让两性之间的交流更多、更深入，起到激发语言和促进发展的作用，也会让后代的出生率和成活率更高，从而使得族群人数充足，共同抵抗优胜劣汰的自然法则。

还有一点儿区别是，绝大部分动物都有发情期，只在特定的时间交配、繁殖，而人类则没有，只要有需要性爱的地方（生育后代、发泄情绪、增强感情等），性爱就能随时发生。另外，人类性爱的持久性比其他灵长类动物都强，黑猩猩和倭黑猩猩用十几秒钟就完成一次性交，人类则要花费十几分钟的时间。为什么要做如此耗费体力的事情呢？因为性行为是强化配偶结合关系的主要途径，增加性交次数和延长性交时间就是其中两种方式。尽管性是人类的本能需求，但是人类这种智慧生物的性行为拥有更多意义：除了繁殖后代和获得快感，培养感情、表达爱情、追求快乐等都是性行为的作用。

动物的交配完全是受到本能驱使的行为，其间难以存续感情因素，也就没有更强的目的性、更多的助性手段和花样技巧，这是人与动物的最大区别。所以，如果只是遵从本能发泄，就会被称为"禽兽"。人类的性爱内容要比动物丰富得多，不想做"禽兽"的你，多研究研究吧。

"性"和"爱"可以分割吗?

"性爱"是一个词,但是"性"和"爱"又分别是另外一种含义,那么,性和爱可以分割吗?这一点儿虽然有些老生常谈,但仍然是感情社会中热门的突出话题。毫无疑问,性和爱是可以分割的,不然,怎么会有性工作者的存在呢?难道,每一个嫖客对他们都是真爱吗?

关于性和爱是否能够分割,西顿大学社会学家艾华特如是说:"女人将她们生活中的一切都看成是彼此紧密相关的,男人则表现出将一切区别对待。"

在男人眼中爱情和肉欲是可以分割的,他们知道其中的区别,能够明显地把"爱"与"性"区分开来,也常常能做出"爱就是爱、性就是性"的事情来。正如曾经热播的电视剧《创业时代》中,金城对那蓝说的那句话:"就算我和一百个女人上床,你也要相信我心里只有你一个人。"

出现这样的心理,是因为大多数男人属于"因性而爱",他们总是轻易地就被本能欲望所控制,去努力接近、讨好、挑逗、触碰一个不甚相熟却性感十足的女人。对男人来说,只要获得自己的性满足,有没有感情基础绝对不是必需因素。

与男人的"因性而爱"不同,女人们更多的是"因爱而性"。对于女人来说,性只是爱的衍生物,而不是可以独立存在的事物,两者合而为一才是性爱,难以区分开来。因此,感情基础对于女人来说是极为重要的。

女人在生活的方方面面都会动之以情,经常会把性和爱混为一谈,甚至可以将爱凌驾于性之上。在触及情感领域时,很多女人会为了爱而在性方面做出各种匪夷所思的事情来。比如去跟已婚男人"滚床单",供养好吃懒做的软饭男,忍受各种轻视和辱骂,甚至甘愿冒着失去朋友和家人的风险,也要跟自己的爱人在一起。

男人是理性生物,女人是感性生物。当一个男人对女人表现出"性"致勃勃时,感性的女人会认为他爱上了自己,想与自己进一步发展,而理性的男人则明确地知道自己只是欲火焚身而已,至于"滚床单"之后是否会继续在一起,只是未知数。感觉对了,他们才会获得付诸感情去接着交往的动力;感觉不对,则只会把女人当成"露水夫妻"对象,不会再与其继续纠缠,心里也不会留下太多的感情记忆。

所以,那些容易盲目地"因爱而性"的女人都警惕一些吧,千万别被男人的花言巧语和温柔体贴所迷惑,在你决定和他"滚床单"之前,问问自己以下几个问题:

他对你的感情是否专一?

他是不是只有在想"滚床单"时才会联系你?

他是否在共进晚餐时心不在焉,却一直提起"滚床单"的事情?

他是不是在看了A片或是色情图片后才用甜言蜜语打破了之前的沉默?

你们之间的恋爱关系是不是仅仅依靠着"滚床单"来维系?

……

如果他经常把"性"及能唤起性的事物和你联系在一起,足以证明你们之间的爱情还不足以达到携手一生的地步,你不是他的爱人,仅仅是性伴侣而已。

以上是从男女特性上来分析，性和爱对于部分人来说是可以分割开来的。但是，为了社会和谐，性和爱还是不应该分割开来的好。

美剧《傲骨贤妻》中有一段情节，就是性、爱分离引起的惨案。剧中斯蒂芬妮夫妇在结婚后达成协议，夫妻双方实行开放性婚姻，性爱分离，即性生活随意，互相不约束。各自可以有其他的性伴侣，只要彼此还爱着对方即可。然而，在斯蒂芬妮与情人约会的时候，丈夫却悄悄地将那位情人杀害。

辩护律师阿莉西亚对他们夫妻二人达成的协议表示不能苟同，她说，爱一个人，怎么能再和别人上床呢？

而斯蒂芬妮表示，一夫一妻不符合自然规律，你怎么愿意一辈子只和一个人发生亲密关系呢？

阿莉西亚回答，如果不这么做，会伤害到爱的人。

是的，即便你心里能够明确区分什么是性，什么是爱，也不要将这二者区分在不同的人身上。正如婚姻并不是被动地被限制自由，而是为了爱情和家庭，心甘情愿让渡一部分自由，和爱人相伴一生。性也一样，为了爱，它不应该单独存在。

终归要面对的事情

性是正常的生理和心理的需要,是人类的天性使然,谁也不能否认这一点儿。性爱和共进晚餐、看电影、逛街、旅行等一样,都是恋人之间进行交流和沟通的方式,这是自然的、合理的、无可非议的。两性关系中的性爱是人类家庭形成的基础,是人类社会发展和文明的重要组成部分。

性爱不是洪水猛兽,不要再避之不及。不管你是多么内向、多么娇羞,总归要去面对这件事情。现在,就开始了解性爱的存在价值吧。

1.性是正常需求,不肮脏,也不下流

中国古代社会里,一直有着"存天理,灭人欲"的思想,性禁欲主义的思想也根深蒂固,因此,人们用各种词语"美化"和性有关的事物。"生殖器"被称为"下身","月经"被称为"月事","性交"被称为"同房""云雨""房事"等。尽管男人三妻四妾,也美其名曰"开枝散叶"。

直到现在,我国的性教育都不如其他国家普及。如果孩子好奇地询问父母有关生殖器、生育和性方面的问题,父母会讳莫如深,甚至严厉呵斥。他们觉得关于性的一切都难以启齿,谈及性会有损自己的形象,所以当孩子问到自己是从哪儿来的，各种应付的答案便层出不穷：大风刮来的、石头里蹦出来的、垃圾箱里捡来的、商店里买来的、充话费送的……就是不敢说出那个真实答案。

其实，性是美好的，是自然的，性的结果是孕育，我们都把孩子称为"爱的结晶"，就是最好的证明。如果性是肮脏下流的，那我们又怎么自处呢？要知道，人类的繁衍和进化都是性的结果。

只要男女双方心中有爱、行为也合乎伦理道德，性爱就是纯洁的、高尚的、神圣的。爱一个人不仅仅要满足对方的情感需求，还应该照顾到对方的生理需要。为爱所做之事是顺其自然、水到渠成的，一个亲吻、一个拥抱都是爱意的流露，这是再娇羞的人也会不由自主做出的举动。

《非诚勿扰》中葛优扮演的秦奋有一句台词，没有亲热就不叫爱情，顶多是交情。如果口中说着我爱你，却总认为"性爱很下流"，觉得与对方亲近是一种流氓的行为，反而是对爱情的亵渎。

另外，对待性讳莫如深的思想，让很多处于青春期的孩子得不到正确的性教育，对性的认知不够科学，导致很多人受到侵害不敢声张，反而让自己更加受伤。

2.除了孕育后代，还有很多性生活的必要

封建社会，若女人向自己的配偶求欢过多，会被认为是淫荡，而有些丈夫更是在完成生儿育女的大业之后，即使仍然年富力强，也不愿意再多碰妻子，以此远离"好色之徒"的恶名。性生活对于那时非常有"道德"、非常有"操守"的君子来说，只是一种延续后代的手段，是必须要有计划、有节制的。

活在"三从四德"社会中的女性更是认同这一观点，似乎不以生孩子为目的的性生活都是要流氓。于是，便形成了男人漠视女人的性需求，女人压抑自己的性需求的社会风气。而性生活这件事，也被很多人当作了名正言顺生孩子的手段。

但事实上，人类之所以能够在智力上得以进化，没有固定的发情期便是必要条件之一。人类随时随地都能唤起心中的欲火，只要两情相悦就能饱尝鱼水之欢，频繁且发自情感需要的身体交流，不是只奔着生育这一件事，还可以取悦对方、提升快感、巩固两性关系等。倘若只为了生育才去做爱，那人类与动物的思维有何区别？

3.性器官并不丑陋

长期性禁锢状态形成的性神秘感造成了人们的性无知，我们看不到的异性的性器官，其也被人们"妖魔化"，与丑陋、肮脏画上了等号。

虽然现在学校里都开设了生理课，但课本上的性器官最多只是示意图，简单的文字表述更让人不得要领。其实正常洁净的性器官既不神秘也不丑陋，正如，花朵是植物的性器官。我们要正确看待这种自然的存在，像看待身体上的其他器官一样地公平对待性器官。爱自己的身体，就该爱自己身体的全部，不管你觉得它长得如何，你们都是同一条战线的，将来并肩作战的时候，你多给它一些信心，它就能多回馈你一些快乐。

对于性爱方面的问题，很多人会选择回避，但若是你回避性爱问题，连认识有关自己的性知识、感受自己的性需求都避而不谈，那就等同于你根本无法真实地了解自己。连自己都不了解，又怎么了解身边最亲密的人呢？性爱是亲密关系中不可或缺的存在，也是最能加深双方感情的事情，它能让我们更加了解自己所爱的人，让我们的生活更加和谐，关系更加亲密。所以，不管你是害羞的小仙女，还是内向的小哥哥，都不要再刻意回避了。

女人的主动权：敢爱、敢想、敢做、敢当

《哈姆雷特》中有句经典台词："女人，她的名字是弱者。"在人们的印象中，女人永远是柔弱的、被动的，尤其是在发生亲密行为的时候，占主动地位的经常是男人们。而女人自己似乎也会这样想：性应该由男人主导，上床只要好好配合他即可，千万不要逞"强"。但事实上，这种思想并不利于亲密关系的维系。

如果女人唯男人马首是瞻，从来没有主动提出过性要求，纵然会让男人感觉你很害羞、娇弱、温婉，但是长此以往，男人会感受不到女人对性的需求，觉得自己不知不觉中变成了好色之徒，好像是在强迫对方做不愿意的事情一样。甚至，你的不主动，会让他对原本美好的性爱一事失去应有的兴致。

经常会听到有男人埋怨自己的妻子，说她们在床上像死鱼一样。也正是因为这种"死鱼"一样的状态，让很多男人胆大包天地去寻找"活鱼"。用男人的话说就是，没有男人会喜欢在床上一直木讷僵硬的女人，对男人来说，这样的女人和充气娃娃没什么区别。

除此以外，女人也应该为自身自然产生的性欲负责。女人也有需求，也需要性满足，如果碍于矜持的思想，不主动提出需求，那么燃起

的欲火只能人为压抑,时间长了自己的心会变得非常压抑,从而影响到正常的生活。

其实,你一点儿也不用因为自己身为女人而处处被动,不必觉得性爱这种事很难启齿。对性爱的需求是很正常的反应,男女双方都可以主动提出自己的要求,"男人一定要占据主动地位,女人只能处于被动地位"只是约定俗成的传统观念,而不是无法更改的性爱原则。有时候女人稍微主动一些,反而能让对方更兴奋、更有冲劲,能让彼此的亲密关系更加和谐。

我们常常用"水乳交融"来赞美性生活的美妙,体现男女双方完全结合的状态,这样的表达恰恰指出了性生活是两个人的事情:想要获得极致的体验和完美的结果,光靠男人采取主动是不行的,男人绝对不是理所当然地主导一切的那个人。在做爱一事上,"为了经营爱"的性与"让他做"的性,最终结果迥然不同,能够大胆地履行自己的发言权与主动权的人才是能真正享受性的人。而且,只要两个人都能享受到性生活的快感、舒心、爱意,又何必在乎谁来主动呢?

女人,不要束缚自己,为了爱,请鼓起勇气,没有什么能阻止你大胆地寻求爱、享受爱。无论你们在一起多久了,适度调情都是两性关系中不可或缺的重要组成部分,找个合适的机会说出你的想法,自信积极地寻求你的快乐,对方才能同样感受到属于他的愉悦。

另外,女人在性爱中的主动权不仅限于主动求欢,对于男人不合理、不恰当的性要求,女人完全可以加以拒绝,不必委曲求全,这也是一种捍卫主权的表现。

女人在做爱时不应该是一个被动的客体,不该成为男人行动的消极接受者或受害者,而应该充分从生活的方方面面来积极地控制自己的身体、控制自己的欲望,真正实现男女平等。

减压方式是性心理的一面镜子

当今社会,人们压力山大,面对高压,就需要各种途径和方式进行减压。每个人都有自己释放压力的方式,但你可想到,一个人平时采用何种方式去缓解压力、应对烦恼,可以反映出他/她在过生活时的表现和心理状态?所以,看减压方式,就像看性心理的镜子。来,一起照照吧。

减压方式1:找人唠嗑

有人的聊天方式是倾诉,发自真心、声情并茂,有人的聊天方式则是抱怨,自怨自艾、牢骚不断。前者一般是心直口快的人,虽然话题里都是压力和烦恼,但其实心里早没事了,他们善于交流,能积极地生活;后者则不仅心甘情愿地被压力笼罩,而且打着"压力"的幌子来掩饰自我的脆弱,渴求别人的同情,总是消极被动地生活。

性心理:喜欢倾诉的人在做爱时愿意积极主动地与对方交流感受,并且乐于尝试新鲜的性爱方式;喜欢抱怨的人在做爱时常常是鸡蛋里挑骨头、破坏气氛的那个人,因为一次的性生活不和谐而形成性冷淡的心理,甚至把性生活的不顺利归因于对方不够爱自己。

减压方式2：蒙头大睡

面对压力，蒙头大睡是一种回避问题的方法，内向、自卑、自尊心强的人常常选择这个减压方式，来让自己承担一切压力，不让别人知道自己的感受。

性心理：他们在做爱时很希望得到对方的认同和支持，所以害怕交流，害怕听到对自己不满意的评价，埋头苦干地贪求数量上的多和时间上的持久。有时虽然会自己偷着学习一些性爱技巧希望能取悦对方，却因为对自己没有信心而临阵退缩，不敢在现实中尝试。

减压方式3：买买买

一般情况下，女人最爱采用这个减压方式，用物质的丰富来填补心灵的空虚。这类人具有两面性，一方面他们对环境的适应力和主动性都较强，另一方面他们过于依赖外界事物来管理自己的思想和行为。

性心理：在做爱时，他们对浪漫的需求比较高，更看重性爱的形式，喜欢在情趣内衣、音乐、鲜花、烛光的助兴中来与爱人共赴云雨。他们能接受无性婚姻，来自对方的意味深长的吻、深情注视和温言软语、温柔的拥抱和抚摸，都能让他们顿时春意荡漾。但他们性幻想比较多，容易移情别恋，是"一夜夫妻"的主力军。

减压方式4：何以解忧，唯有杜康

借酒消愁的人常常是那种比较自我的人，清醒时压力在，酣醉时压力无，于是为了逃避问题，他们陷入了恶性循环。这类人在困难面前信心不足，"事在人为"不是他们的座右铭，比起用自己的力量去解决问题，他们更乐意置身事外，等着别人代劳。

性心理：他们喜欢通过做爱时感官的快感来回避内心的冲突，将做爱当作解决矛盾的重要方式，把高强度或频繁的性爱当成解药，因此一吵架就上床，吵架的激烈程度和性爱的激情程度成正比，很容易成为纵欲者。

减压方式5：燃烧我的卡路里

高强度的运动是一种很好的宣泄，他们释放压力时"靠疏不靠堵"，这类人性格外向、豁达。

性心理：他们在做爱时非常投入，有时会大胆地使用一些性爱玩具，而且将性和爱界定得很明晰，不会将性生活上的偶尔不和谐认定为感情不和，也不会将生活中的矛盾带到床上发泄出来。但他们也有着花心的潜质，总是"开小差儿"，之后却不以为然。

减压方式6：《王者荣耀》走起

他们以此逃避现实的原因是觉得在游戏中更容易获得那些在现实中不易获得的满足感，这类人做事喜欢避重就轻，另辟蹊径地满足自己的需求，不愿意直面问题。

性心理：他们更享受性幻想中的快感，成人网站上火辣辣的文字、图片，爱情动作片里的女主角都是他们宣泄欲望的途径，他们会大胆意淫自己暗恋的人，却不敢单独与女性相处。做爱时，他们习惯用强烈的刺激获取愉悦感，可能是施加暴力和攻击行为的那一方，也可能是享受对方的暴力和攻击的那一方。

减压方式7：来一场说走就走的旅行

出去旅行可以开阔视野，放松身心，是减压良方。这类人通常心胸开阔、性格开朗而随意，并且还有点儿小任性。他们认为一切困境都只是暂时的，问题终会被解决，风雨过后，总会海阔天空。

性心理：他们认为"人生苦短，应及时行乐"，只要来了兴致，可能会不管时间地点就要发生性爱。同时，他们非常注重过程，在做爱时会非常投入，不愿意被打断或者分心，此时千万别跟他们讨论其他事情，因为他们根本听不进去，也不会用心回答你的问题。

性是否能催生爱?

既然"性"和"爱"能作为一个词语出现,它们之间必然有一定的因果关系。情到浓时,水乳交融,合情合理。但是,上文也说了,女人通常为爱而性,而男人通常因性而爱。古时候有"生米煮成熟饭",现在有"先上车后补票",即便到了现在,父母在为儿女安排相亲的时候,常挂在嘴边的一句话也是:"感情是可以培养的。"这些现象似乎都可以说明和谐美满的性生活也许能够成为爱情和婚姻的催化剂。

正如有个被污的成语"日久生情",那么,性是否真能够催生爱呢?

前段时间,笔者看到有位女粉丝在后台的情感困惑留言。这位女粉丝暂且称呼她为小爱。小爱暗恋高自己一届的学长很久,只是因为性格内向,一直不敢表白。毕业之后,两人阴错阳差进了一家公司,小爱非常高兴,觉得是天赐良机,于是,便鼓起勇气向男神表白。让小爱不解的是,男神听后只是笑了笑,没有答应,也没有拒绝。后来男神经常约小爱一起吃饭、看电影,并且明里暗里暗示小爱,可以"试试能不能在一起"。而这个"试试",指的肯定不是单纯的约会。

小爱想要更进一步,但是又不敢向前,一方面是自己确实害羞,另一方面是男神并没有承诺一定会和自己在一起。但是她又抱着期待，如果发生了关系，男神或许就会慢慢爱上自己。

笔者想说的是，有爱的性都是自然而然发生的，情欲的满足可以让情爱得到增强，使爱情关系晋级。但是，这并不代表有了性，就一定能够产生爱。

情到深处自然浓，情爱不仅能够激发情欲，也可以让情欲得到满足。相识，了解，好感，喜爱，牵手，爱恋，接吻，热恋，上床，结婚，这是一个现代人从恋爱到婚姻的标准流程。虽然，现在仍有很多保守的人信守先结婚再洞房的原则，但越来越多的人并不是将一纸婚书作为可以上床的依据，而是以感情发展到何种程度为依据。有可能两个人相处一个月，两情相悦后就有了肌肤之亲，有可能两个人相恋一两年，一切就绪后才有了鱼水之欢，这些性爱是以感情为基础的，是顺其自然的事情。

但是，千万不要自作聪明地认为以性生情也是顺其自然的事情。性爱的确有让爱情关系晋级的作用，但前提是有爱。有些女性把"性"作为权衡爱情的尺码，信奉着"把自己给了男人，他就能更爱自己"和"婚前发生性关系是恋爱的程序化要求"的错误观点，为了证明自己对于爱情的忠贞，过快地献出了自己。这是在人为干涉、"揠苗助长"，其结果往往并没有她们原本设想的那么美好，尤其是遇上了本来就是抱着玩弄女性的目的的男人，那可真是正中下怀、羊入虎口了。

不过，单纯来自性的爱也不是没有可能，只要满足条件，性的土壤也可以催生出爱的萌芽，封建社会的包办婚姻就是例子。只不过，现今社会已经很少有包办婚姻，所以，纯粹的以性生爱变得越来越少。毕竟，一次上床后爱上对方的可能性并不高。

性能不能催生爱，取决于很多因素，比如该主体是男是女、两个人以何种方式相识、各自的感情状态、性爱体验的满意度等。

女人比男人更容易因为性爱的美好体验而爱上对方，因为一个女人把自己的身体交付给一个男人的同时，也会开启一扇想要更加了解他的大门。从现实中相识的人会比从网络里相识的人更容易爱上对方，因为他们有更多的机会去接触、了解对方，以此判断对方是否值得晋升为恋人；分手之后、处于感情空窗期的人，更容易和性爱对象继续发展，若他/她从前很依赖性爱来维持亲密关系，那就更有可能主动采取行动，进而将性伙伴关系发展成为亲密关系。

"性"是一种负距离的接触方式，一个人的缺点和优点都会集中体现在性爱过程中，当对方的优点展现得足够多的时候，也就让人有了爱上他/她的理由。沉浸在性满足中的人会对这个幸福的承载者产生好感和感激，慢慢积累的好感会让两个人的关系逐渐转变为正常的恋爱发展趋势。这就和与陌生人交往是一样的道理，不断增加交流机会、不断磨合，了解和默契就会越来越深，最后必然能产生友情、成为朋友。

爱的初体验

每个人都不是天生的感情高手,爱的体验,都是从最初的青涩开始。很多人认为,"初夜"是专属女人的词语,其实,男人也有初夜,只不过不像女人那样具有明显的"落红"标志(虽然并不是所有女人初夜都落红)。对待初夜,男人和女人的态度也不尽相同。

女人会害怕痛,会对异物侵入自己身体感到恐惧,会对自己不完美的身体感到自卑不安;男人也会担心自己在床上的表现,怕自己表现得过于"青涩"而被嘲笑,等等。很多人不知道初夜要准备什么、到底疼不疼、怎么克服内心恐惧、如何和伴侣沟通,只能靠着从电影、杂志、小说里的一知半解,懵懵懂懂地开始,战战兢兢地结束。

有人的初夜是相恋多年后的终成正果,有人的初夜是一夜宿醉后的不堪回首,有人的初夜是年少无知的错爱,有人的初夜是终生难忘的刻骨之痛。

无论你承认与否,身体上的质的改变必然会引起心理上的质的转变,从那一天之后,你看待世界、看待别人的眼光都会大有不同。初夜是一扇门,有的人打开了这一扇门后,便打开了更多的门,想得更多、看得更开,而有的人则关闭了更多的门,不愿再去提及、不愿再次尝试,甚至追悔莫及。

女人的初夜:美好的初夜会让女人对男人更加依恋,反之则给女人对长久关系的期待画上一个休止符。

这是因为无论是哪个女人,都会在初夜之中夹杂着自己的所有情感,加上由于生物本能的驱动——女人在伴侣的选择上总是以发展长久关系为目的。滚过床单之后,两个人的关系就不一样了,可能是升级,也可能是终结。女人的第一次多半是糊里糊涂、没有快感可言的,但初夜时的性快感并没有我们想的那么重要,最重要的应该是性体验,它不仅仅局限于性爱本身能带来的乐趣,它还包含了对这个男人是否体贴、是否真挚、是否具有其他良好品格的主观感受。

如果那个男人在初夜时带给自己的是被疼惜、被尊重、被深爱的感受,性爱后的情感转移就会是正面的,在此之后,女人会对男人更加依恋,更加关心对方。虽然有些女人的初夜只是匆匆为之、受环境的影响,而不是以较为深厚的感情为基础的,但第二天早上醒来时,她们常常会莫名地有了一种"已经以身相许"的归属感,对身边的人产生了突飞猛进的感情。

如果那个男人在初夜时给自己留下的是不好的感受,发生关系后是否会与他天长地久,便成了未知数,她会继续给男人留有提升改善自己的机会,但不再会抱有初夜之前的那份信任。

如果那个男人在初夜时让自己失望至极,将女人心中对初夜寄予的厚望和期待着的美好都破坏殆尽,分手也就成了注定的结局。有的女人会更迫切地想从其他男人身上找回自己本应获得的性爱感受,有的女人则将对这个男人的失望放大成对性爱的失望,不再对爱情抱有希冀,从此封闭欲望之门,走进性欲的冷宫。

这也就是说,女人若是在初夜之后对男人的态度发生了变化,那基本上都是爱情和感受在其中起着作用。

男人的初夜:比女人更加投入,但是更快忘却。

相信很多人注意到这样一个奇怪的现象:男人都希望自己的女人

是处女，但是不希望自己是处男，甚至，他们以自己是处男为耻。不管失身给爱或不爱的女人，男人总是想要尽快结束自己的处男生涯。而女人，则更希望把第一次奉献给真爱，所以，失身后的女人可能伤心难过，失身后的男人却总会觉得如愿以偿。

相对于女人初夜的紧张，男人更多的是兴奋，也更加投入，他们会十分在意自己的表现，不管技术如何，都会努力发挥直至淋漓尽致。事后，他们也会回味每个细节，并渴望下次性爱的到来。这种亢奋状态，会持续很长时间。

但是，这种亢奋的状态一旦过去，男人便很容易忘却初夜这回事。随着越来越多的性爱经历，初夜情人的样子会被新的床伴代替，这除了"喜新厌旧"的本性，更多原因是男人普遍认为自己初夜的表现太差，所以，当他们有了一定的性经验之后，便不愿意再次想起那段记忆。

如果初夜之时男人感受的是负面体验，比如自己的笨手笨脚和"一泻千里"、对方的嘲笑鄙夷和局外人的干扰，那么他们多半会对伴侣避而远之，让自己的性需求沉寂一段时间，甚至随便找个理由与之分手，做出为了保护自己的自尊心而前功尽弃的举动。脆弱的男人甚至还会因此留下心理阴影。

对于大部分人来说，初夜都是神秘而美好的。男女初夜后的心理差异，取决于男女生理机能的不同。虽然为爱失身是彼此在一起的真谛，但是，万一遇人不淑或者不慎失身，也不要过于纠结。毕竟，发生过的事情无法改变，而决定自己未来是否能够幸福的，不只是那一次初夜的经历。所以，各位在注意身体安全的同时，也要注意心理上的健康建设。

婚前同居,别急着做"妻子"

婚前同居,是指情侣未经结婚登记,而共同居住在一起的情况。根据研究数据表明,当今社会选择婚前同居的人已经达到六成,并且,这个比例还在不断升高。很多人在热恋之中顺其自然地进入了同居阶段,其实,婚前同居是一个有利有弊的选择。

婚前同居是一块试金石,能让你看透一个人的真实面目,朝夕相处的生活状态会让双方都有条件来更真实地了解对方的习惯和品性。在日常相处中,他很可能会将自己的本性和缺点暴露无遗,他爱不爱你、对你的爱有多深都会从他的言行举止中得以表现。

例如,同居前对你温柔体贴的男人,同居后你会发现他很自私。同居避免不了性生活,也就带来了意外怀孕的可能。如果每次做爱时,他不是说你在安全期内,就是说自己会控制在体外,或是让你吃事后药,这种一边口口声声说着爱你,一边却根本不在乎你是否会因意外怀孕而流产的男人,绝对是一个没有责任心、自私自利的人。如果你的同居对象是这样一个人,那么请慎重考虑这段关系是否要继续下去。

同居之后,两人之间的感情会更甜蜜,同时也会更加脆弱。

女人的敏感和依赖性是天生的,当她们与心爱之人相处的时候,这些感情会越发凸显。特别是女人在朝夕相伴的同居生活后，形影相随的甜蜜感会让女人更为依赖身边的这个男人，继而会要求男人更具责任感、家庭感。但是，在没有一纸婚书束缚的情况下，男人们可能并不会认识到自己对这个"家"的意义。女人们会因为他的一举一动而变得十分敏感，或许还会产生一些完全没有必要的心理矛盾，安全感不足、危机感提升的负面情绪也会尾随而至。

如果他忘记了一个很重要的纪念日，你会胡思乱想："他是不是不在乎我了？"

如果他经常在言语之中吐露出对其他女人的赞赏，你会妄自猜测："他是不是厌倦我，变心了？"

如果他生气时冲着你嚷嚷了几句，你会不由感叹："没有同居之前，他根本不是这样。"而且，这种让女人变得越发脆弱的不安全感还会扩散到两个人的同居生活之外，对家庭、工作、社交产生影响。

当然，也有人同居之后过得如鱼得水、如糖似蜜。然而同居不是结婚，性生活不等于夫妻生活，在享受爱情的时候，不要让自己提前进入"妻子"的角色。所以，即便是同居，即便他对你再好，也要记得告诉自己：你只是一个女朋友。

笔者曾经分析过一个案例。女主人公娜娜和男友恋爱不久后开始同居，一直甜甜蜜蜜，原本打算同居试婚一段时间后就结婚，没想到，同居一年后，男友也没有想要结婚的意思。在娜娜的追问之下，男友终于坦白自己想一直同居下去，没有承诺，没有负担，轻松自在。娜娜痛苦了一段时间，最终选择了分手。

正如那句俗话："得到就不懂得珍惜。"很多男人认为婚前同居本身就是不结婚的暗示。男人在同居前或许渴望结婚，但同居后，自己已经过上了"婚后生活"，各种需求得到满足，结不结婚似乎没有那么重要。

同居的时候，他对你的百依百顺、千好万好，在你看来都已经是把你认定为终身伴侣的标志，然而他却未必会这么想；你对他的百般呵护、尽职尽责，在你看来这是身为"妻子"应尽的责任，但是他未必全盘接受。

当你认为婚前同居是为了让两个人更深入地认识对方、是为了让正式的婚姻生活更加和谐而做出的磨合行为、结婚是早晚的事时，他可能并没有往"结婚"那么远的事情上想，他贪图的只是一时的快乐，结婚对他而言只是"也许"的事。即使他已经无数次地和你承诺过"我会娶你，我会和你结婚，我会一辈子只爱你一个人"，你也千万不要完全把这些话放在心里，并觉得必须嫁给他。如此急切地将自己置于婚姻生活模式里，对女人来说并不是一件好事，小心期望越大、失望越大。

当你为了更加稳固的同居生活而放弃自己原本的生活和社交，把更多的时间和精力花费在与他相伴时，他可能会觉得你让他没了自由。你该经常提醒自己"你只是一个女朋友"，洗衣、做饭、打扫房间、怀孕、生孩子……这些妻子该做的事情最好不要大包大揽，不以妻子自居来介入和管制男人的生活，保持独立的心态，既能给那些暂时没有结婚意愿的男人以足够的空间感，也能让自己过得更加轻松愉快，真正在爱情的甜蜜中享受生活。

露水情缘、逢场作戏,应该情归何处?

有很多人在与陌生异性发生不可描述的关系之后,经常会给自己找的理由就是:那不过是逢场作戏。根据社会学家和性学家们的研究,性可以分为三种目的:繁殖——传宗接代;建立关系——因为爱,所以"爱爱";娱乐——纯粹满足"兽欲"。很明显,一晌偷欢、逢场作戏属于第三种。两个不熟甚至不认识的人跳过本应循序渐进的约会、聚餐、对话、了解……直接有了肌肤之亲。这种现象并不是"两情相悦",倒不如说"两性相吸"更加恰当到位。

在人们的印象中,男人更容易"逢场作戏",其实这跟"开小差儿"一样,男女都可能发生,只不过,男性和女性对于逢场作戏的看法存在较大的差异。英国杜伦大学的一项研究发现,对"逢场作戏"感觉还不错的女性占54%,而男性占85%。有近一半的女性会因为"逢场作戏"无法转变为持续、稳定的情感关系而沮丧。但是,有同样感觉的男性不足20%。

那么,问题来了,哪些男人最可能出现"露水情缘"呢?

要对"露水情缘"产生需求,往往需要男人具有足够的性欲和性经验,至少他应该知道性是怎么回事、尝到过性的甜头,所以那些已婚男人或有过至少半年以上的性经验的男人比较容易与陌生女人"浪漫一晚"。

"露水情缘"这件事不是任何一个女人都可以接受的,这需要她的性观念足够开放,而满足这一条件的女人最常出现的地方就是各类娱乐场所和网络之中了,所以那些酒吧夜店的常客、憋在家里上网的宅男,都可能成为"露水情缘"的主角。

　　能够与女人发生"露水情缘"的男人绝不是对女人毫无吸引力的男人,所以那些长相帅气、肚里有才、舍得花钱、擅长甜言蜜语、给人的第一印象较好的男人,天生就具备了让女人初次相识就乐意无条件地投怀送抱的资本。

　　如果一个男人的审美观念较为苛刻,那么他很难找到适合"浪漫一晚"的对象,所以那些对陌生异性的长相、身材、年龄有足够容忍度的男人更可能发生"露水情缘"。

　　不过具备以上可能因素的男人仅仅是具备了更多发生"露水情缘"的可能性,但未必一定会发生,还要看这个男人的道德素养和对精神层次的追求。

　　哪些女人最容易发生"露水情缘"呢?

　　女人发生"露水情缘"的驱动力并不像大多数男人一样是因为性欲,而常常是因为情绪的变化,女人做出发生"露水情缘"的决定时往往是情绪失控的时候。

　　那些脾气比较火爆、一点就着的女人在和男朋友吵架后,可能会在失落感的驱使下选择用一夜风流的方法来平息自己的怒气、报复对方、找回平衡感。

　　有些女人为情所困,被挚爱之人无情地抛弃之后,心里受到极大的伤害,爱情对她来说已经变得一文不值,于是故意放纵自己,频频用这种不必负责任的两性关系来弥补自己心上的伤口,利用极端的感觉来释放心头的阴郁。

　　孤独的人的生活是空虚的,随便出现一个能陪她聊天、陪她吃饭的男人,都可能见缝插针地与之发生"露水情缘"。她们其实并不是十分渴求做爱,只是希望借此来找个人陪陪自己,减少一个人独处的时间。

　　正如男人经常后悔没有跟某个女人做爱一样,女人常会因为跟某个男人发生关系而后悔不已。当女人把"露水情缘"当作情感的宣泄时，她经受的只是变相的自虐。无论觉得"露水情缘"是一种身体和情感上的"开小差儿"、是对伴侣的背叛，还是觉得自己找了一个根本不值得付出身体的对象、是自己的损失，"露水情缘"之后，这种懊悔、自责、担忧的情绪都会如影随形。

但是，无论听起来如何顺理成章，"露水情缘"作为一种必然涉及对方的社会行为，总归会产生一定的社会后果，生育、家庭解体、离婚率升高、子女抚养和教育都会受到这种现象的影响。有时候，这种与情感无关的、纯粹是一种自然的性行为，也会具有巨大的危害性。

"露水情缘"发生后，大多数男人觉得自己占了便宜，大多数女人觉得自己恋爱了，于是产生了这样的结局：男人怕承担责任而拼命搪塞躲避，甚至人间蒸发，激情过后，无情更甚；女人深陷爱情，死缠烂打地满世界找他，不停追问："我们既然两情相悦发生关系，为什么不能升级成真正的爱情呢？"事实上，男人或许早已移"情"别恋，女人却很傻很天真地希冀着爱情甚至婚姻。

事实上，那种希望通过"露水情缘"来建立关系，然后走进婚姻的想法是荒唐的，或者说是自欺欺人的。因为"露水情缘"指向的是刺激的性体验，而非建立稳定的关系。此外，"露水情缘"还可能隐藏着未知的危险因素，比如疾病、勒索、绑架、性虐待等可怕的伤害。

美国诗人、作家玛吉·皮尔希说："使我们获得愉悦的不是性，而是爱人。"这句话点明了性的本质意义。最终让我们感到幸福的，不是单纯的性爱，而是与爱人的性爱。我们需要通过性来感知爱，感知与爱人成为一体的亲密感，所以，如果你有爱人，那么无论是"露水情缘"还是"逢场作戏"，都尽量不要发生。

【温馨蜜语】有的人常说："男人因性而爱，女人因爱而性。"其实，男人与女人都是一样，性和爱很难绝对分割。没有爱做基础的性并不牢固，没有性做点缀的爱也索然无味。

第三章
爱的打开方式

亲密关系中所有的问题都来自你的期待！

亲密关系心理学

求爱时最被动的居然是男人

按照常理,亲密关系应该由男人采取主动才是。许多理论也都认为:亲密关系中的男性是进取的、冲动的,而女性是渴求的、被动的。就连亲密行为,也只有男性的冲动才能最终使之变成现实。

然而,这个常理现在看来是大错特错。最新研究发现,虽然男人在恋爱中经常处于主导地位,但三分之二的亲密行为是由女人通过暗示首先发起的。就在大部分男人自以为是自己掌握主动权时,其实调情大权却掌握在对方手中,男人已然被女人牵着鼻子走了。

女人们有没有发现精明的他在亲密行为中却非常迟钝?

那些看似在交际圈里如鱼得水、谈笑风生的男人,尽管口才了得,却在接受非言语性暗示的能力方面比女人差很多;虽然总是擅长于主动发出亲密的暗示,但其实大多数时候他们都不能理解来自女人的暗示。比如,男人可能不会马上注意到女人抛来的媚眼,也不能及时做出回应,他们常常在女人一次又一次地暗送秋波之后才惊觉对方的心思。

所以在求爱的引诱阶段,女人扮演着关键角色,男人从被动回应转为主动出击时,已经到了二人"坦诚相见"的阶段了。

另外,主动的女人更容易俘获心仪之人,并且,女人的主动次数和成功概率是成正比的。

"女追男，隔层纱"，这是人们的普遍看法，也是来自各种求爱经验的总结。那些求爱成功率最高的女人，往往不是那些最漂亮、最有魅力的，而是发出暗示次数最多的女人。

笔者的朋友圈子中有个公认的"御姐"，我们都叫她汤汤。之所以称之为"御姐"，并不是因为她多么具有控制欲，也不是外表多么符合"御姐范儿"，而是她的几任男友都非常优秀。帅气、有型，是他们的共同点。不同的是，有的事业有成，有的成熟稳重，有的积极阳光。总之，都是各有优点的小哥哥。反观汤汤，她的长相并不是多么惊艳，身材也不够性感，也没有让人愿意"前赴后继"的贵族背景。因此，很多人不明白，她凭什么能够拿下这些型男帅哥，并且维持时间不短的恋情。

当被问到有什么"撩"帅哥秘诀的时候，汤汤大方地笑了："什么秘诀？喜欢就大胆去追呗！男人嘛，只要不反感你，都不会拒绝女人的投怀送抱。只要追到手了，再大胆一点儿，让他死心塌地拜倒在石榴裙下。"

这话虽然听起来大胆，但是符合事实。调查显示，那些能做到平均每小时向男人暗示三十五次的女人，会在这段时间里获得四次被男人接近的机会。如果你是一位腼腆型的女人，肯定做不到这么费尽心思地积极主动。不妨从这几十次的暗示中挑选几个最为有效的、男人最容易感知到的关键点来实施自己的求爱计划，比如提出回自己住所的建议、称赞对方的身材、为对方揉肩捶背、假装不小心地抚摸触碰等。

但是，女人主动求爱的次数也不要太过频繁，偶尔求欢无可厚非，然而经常这样做的话，会让男人觉得她不够矜持，颇有过于放浪之态。假如对方是传统型的男人，这种光天化日之下的求爱只会招来他的不满和拒绝。

偶尔主动的求爱会让男人感觉很刺激，也可免除他被人拒绝的心理压力。但是当女人主动求爱成为常态时,男人就会相应地减少求爱次数,他的热情和浪漫都会与日俱减,甚至完全失去主动的兴趣。聪明的女人应该学会如何交替使用"主动求爱"和"让男人放心地向她求爱",给男人留点发挥的空间,他没准儿会让你获得一份惊喜。

一吻定情的可能性到底有多高

亲吻是古老的示爱方式，悠长、舒缓、深入、热烈的接吻凝聚着强烈"爱"的信息。接吻的重要性或许远远超出人们的想象。纽约州立大学的研究者戈登·盖洛普博士说："一个吻所传达的信息深刻影响恋情的发展，可以成为一段恋情开始或结束的主要因素。虽然，男女结合的因素有许多，但是接吻，尤其是初吻，可以起到一锤定音的作用。"

那么，亲吻能否成为挑起"爱的欲望"的最佳方式呢？一吻定情，到底是浪漫的幻想，还是真有其事？

对于女人来说，"一吻"，尤其是初吻或许足以定终身，因为大多数女人将接吻视为亲密关系中不可或缺的一部分。接吻的感觉好坏，是女人衡量对方是否可以做终身伴侣的一个重要标尺。那些让人感觉良好的亲吻有着帮助她们确认对方真的值得自己继续付出的作用，相反地，那些糟糕透顶的亲吻则会让她们选择远离这个男人。只有不到50%的女人会勉为其难地与给自己带来不满意的接吻体验的男人继续发展。

相较于女人，接吻似乎对男人来说并没有非凡的意义，他们只是将接吻看作亲密关系的一种日常行为，甚至只是当作亲密行为的前奏，接吻的效果如何也不是什么值得关注和研究的事情，只要走了这个流程就可以了。

但是男人们，不要因此对"接吻"这件事掉以轻心。现代心理学告诉我们，93%的女子都盼望爱人吻她。你的爱人，不会就刚巧是那剩下的7%吧？当你在"爱意勃发"的时候，一心想着直奔主题去做爱，常常忽略了女人对于性的需求仍然源自爱，想要让她也和你一样欲火焚身，就必须想方设法地带动起她的情绪。女人都渴望体验到被重视、被需要、被关爱、被呵护的感觉，所以男人一定要在接吻这种浪漫的事情上下功夫，使对方沉浸在一份爱的喜悦当中，免得让她一眼就认定你只是想要做爱，并不是有多爱她。

另外，法国《女性》杂志的研究发现，女人的潜意识里是希望被强吻的。每个女人在潜意识里其实都希望自己被所爱的男人拽住，摁在墙上强吻，也就是现在流行的"壁咚"，她们会在这个过程中体验到更多的兴奋和快感。虽然用不着每次都"硬来"，但是不失时机地搞个突然袭击，也会有同样的效果，比如在电影院看电影时突然吻她一下、趁她回头看你的间隙给她来个措手不及。

但是，接吻也是有雷区的！如果把握不好，接吻甚至会成为破坏浪漫的罪魁祸首。下面我们罗列一下那些破坏浪漫的接吻雷区，看你中招了几个。

1. 黏腻腻的唇膏

没有哪个男人会喜欢嘴巴上黏腻腻的接吻，切记在接吻之前最好擦拭掉嘴唇上过厚的唇膏。

2. 紧闭的双唇

一个人的接吻方式体现了他的接吻态度。亲吻时总是双唇紧闭，有时候会被认为是羞答答的表现，有时候会被认为是在敷衍了事，这种只做表面功夫的亲吻可能会把好不容易营造出的浪漫气氛破坏掉。你应该略微张开微微翘起的双唇，给对方以干燥的、温柔的触感，这也可以给他/她一些主动进攻的机会。

3. 到处乱窜的舌头

将舌尖在对方嘴里胡乱伸一通就能撩起他/她的情欲吗？结果往往适得其反。倘若你没有深吻的高超技巧，笔者劝你还是别随便发挥的好，否则对方会有一种被侵犯的感觉。他/她要的是充满爱意的吻，而不是一把电动牙刷。

4. 口水直流

接吻接到口水直流的程度确实是有些做过头了，湿吻能够增加性感指数，但是持续时间较长的湿吻会造成过犹不及的结果。当你过剩的口水在对方嘴里泛滥时，你是想让他/她再还给你呢，还是自己咽下呢？当他/她开始为你的口水问题思考的时候，性爱的那点兴致也会悄悄退去了吧。控制好接吻的时间长度，点到为止、不失时机地进入下一阶段最好。

5. 用力狂吻

吻得很用力并不代表着你的热情似火、你有多需要和喜爱对方，反而会让对方觉得太过机械化，没有了浪漫和温存的感觉，难以撩起他/她的欲望。若是不小心咬到了对方，一定会是十分尴尬的。控制好接吻的力度，才能正确传达出"爱"的信号。

6. 睁眼盯着对方看

接吻之前，多一些眉目传情、双目交会是十分好的，然而在接吻过程中，似乎没有人喜欢被对方紧紧地盯着看。闭上眼睛吧，给对方留点隐私，也给自己的想象力留点空间，这会让你们的感觉更好。

欲擒故纵还是心急

最美好的亲密关系不一定是时时刻刻黏在一起，也许是若即若离的"半糖主义"。同样，高质量的亲密行为也并不是起始于床上的活塞运动，而是在这之前一起度过的美好时光。那些一心想着直奔主题的人，很难真正享受到亲密关系的全部乐趣；那些心急火燎、蜻蜓点水、草草省略前戏的亲密行为，最终都会让人得到心急吃不了热豆腐的失望结果。

有个经典的心理学实验。实验者发给几个四岁儿童每人一块糖，并且同时告诉他们：糖可以马上吃，但是只能吃一块，如果能等二十分钟以后再吃，就可以吃两块。有的儿童急不可待，马上把糖吃掉了，而有些孩子则坚持过了二十分钟，吃到了两块糖。

后来，研究者对这些儿童进行了跟踪观察，发现一个规律：那些经不住诱惑，只吃到一块糖的孩子，长大工作后，遇事经常屈服于压力，逃避挑战；而那些克制欲望，吃到两块糖的孩子，长大后经常表现出较强的适应性，自信心和独立自主精神较强，感情上相对顺利，事业上更容易成功。

有时候，想要亲密关系更加亲密，就要避免心急，吃不了热豆腐的时候，就要学会运用爱情的"欲擒故纵"。

笔者有个朋友森迪，她性格温婉，聪明智慧。森迪的老公是个非常自我的男人，非常强势。在两人谈恋爱的时候，每次约会，森迪都会找准时机"偷个懒"，说自己没时间，无法赴约。事实上，她根本什么事情都没有，宁愿躺在床上玩手机，也不去约会。森迪不是不喜欢老公，而是不喜欢让对方觉得自己"招之即来、挥之即去"。

虽然，有些人不喜欢在恋爱中动"心机"，可你不得不承认，这种欲擒故纵的手段，对于很多男人特别管用。男人都是有征服欲的，太容易被满足，就很容易不珍惜。但是，欲擒故纵也要把握好度，"欲擒故纵"，目的在"擒"，"纵"只是手段。不要本末倒置，让对方失去了兴致。

亲密行为也是同理，太容易进入正题，就很容易草草结束。有时候，做点精心准备，对方会意识到你是一个富有情趣的人；耐心一些，对方能一目了然地感受到你的爱意；浪漫一点儿，对方的情绪才能在渲染好的气氛中被完全地调动起来。

女人进入亲密状态的时间要慢于男人，而且这个进程会受到很多因素的影响，比如对方的刺激诱导技术和外界环境的各种干扰。与其将对方一把推倒在床上，倒不如来点小小的挑逗。那么，如何才能让爱人更加享受"亲密"呢？给大家支几着，仅供参考哦。

1. 热吻之时戛然而止，让对方变被动为主动

或许你们已经相爱多年，早已不在接吻这档事上浪费工夫了，但物以稀为贵，突然给伴侣来上一个浅尝辄止的吻，没准会让对方在措手不及之间快速唤起"性趣"呢。你可以这样做：两个人含情脉脉地相对时，默默地贴近对方的脸颊或嘴唇，轻轻地吻下去，然后突然挣脱对方的怀抱，用一种情欲被唤醒的迷离眼神与其对视，随后舔舔你的口唇，继续刚才的吻。你会发现，原本处于被动状态的他/她，开始热烈地回应你的吻了。

2. **诱敌深入，突然逃跑**

这是电影里最常见的情节：轻轻地吻他一下，迅即躲开。这种挑逗性行为是很能刺激男人的。虽然是影视剧里用烂了的俗套情节，但确实管用，因为男人们就好这口，他们喜欢这种被诱惑后去捕获、去征服的感觉。你可以这样做：当对方情欲初起，想要对你做出进一步的举动时，你不妨来个诱敌深入的逃跑，尽量拖延前戏的时间，这样一来，对方的欲望和刺激感才会得以迫切和膨胀。

3. **假装放弃，激发对方潜在欲望**

前一秒还在不停挑逗，此刻却突然停下了甜言蜜语和毛手毛脚，对方会怎么想？一点点的好奇，一点点的不满，一点点的莫名其妙。此时他/她的欲望已如涓涓细流喷涌欲出，你却关上了闸门，不断积蓄的欲望不一会儿就会溢满甚至爆发出来。这种反攻为守的策略在激发对方的潜在欲望方面很有效果，能让他/她最大限度地表达出自己的情欲。

真情才能换来真爱

世上没有免费的午餐,在亲密关系上也是需要花点儿心思的,无论是欲擒故纵,还是其他什么,都是求爱手段。但是,想要获得真爱,只靠手段肯定不能长久,正所谓"技能诚可贵,真心价更高",唯有真情才能换来真爱。那么,如何才能让对方感受到你的真心呢?

画重点:想要被爱,就要敢于表达

研究结果显示出:我们在行为上做出的表现会带给对方什么样的感觉,深深影响着对方会用什么样的感觉来对待我们、适应我们的行为。这也就是说,我们感受到的对方对自己的爱的程度,会强烈地影响我们做出的爱的举动。"两情相悦"最能体现出这一逻辑关系。你对对方的好感可以激发对方对你产生好感,这种互相倾慕的好感会形成一个良性循环,让积极情感在两性关系中占主导地位。

因此,若是你想要获得被爱的结果,就应该主动地、勇敢地去表达自己的爱慕之情,向对方说出自己心中的感觉,从最简单的"我爱你"到详细地描述心中的相思之苦。别怕肉麻,只要你肯开口、愿意打开心扉,事情总会向着好的方向发展。

画重点：不要只懂"花言巧语"

为了获得女人的芳心，男人们可谓是说尽了花言巧语和海誓山盟，每个女人都会被冲昏头脑、上当受骗吗？答案是否定的，当男人们自以为马上就会得手时，女人却早已将他们的谎言与欺骗从那些不真诚的声音中辨别了出来。一个正常的女人，语言天赋优于男人，对听觉刺激极为敏感，具有很强的情感认知力，这使得女人进化出了抵抗男人强烈欲望的能力，也让求爱变得有难度。

真诚的声音是打开对方心中声控锁的钥匙，所以，当你想要让一个女人欣然接受你的求爱，你就应充分调动自己的语言魅力，让话语发自肺腑地亲切、温柔、富有乐感，这样才能打动对方，起到事半功倍的作用。

画重点：最是细节动人心

在女人看来，会关心生活细节的男人最令人心动。一般而言，男人都是粗枝大叶，很难注意到细节，可是，女人却往往很注重。例如今天换了新发型，明天穿了新衣服，她们希望获得男人的关注和夸赞；又例如每个月的那几天或小有不适，她们希望得到男人的关心和照顾。

所以，要用心观察她的变化，从外在的发色、配饰，到内在的表情、语气等，即便是简单体贴的问候，也能够带给女人莫名的好感。当你无微不至的关怀令她感动，女人的心还能不被你俘获？

画重点：做一个真心关心伴侣的人

一顿浪漫的晚餐，一次周年纪念的惊喜，一件特殊的礼物……打动伴侣的最有效的武器莫过于自己所能给予他/她的真心真意了。有人为了一亲芳泽，甚至用上了兵法，但其实你只需要用真实情况来表明自己的用心之苦、用心之真就可以了，真情流露其实是打动对方最简单的事情，要比挖空心思地讨其欢心更容易。

当对方能够切切实实地感受到并且确信你是百分百地付出了真挚感

情的时候，他/她才会想要用自己的真情实意去回馈你。

生活中，很多人会嘲笑那些没有悟性、木讷的男生，他们话语笨拙，动作难看，但是有一颗深爱对方的真心；他们或许不会欲擒故纵，但会一心一意；他们不够浪漫，但会努力给对方想要的一切。撩妹技能可以学习，但真正关键的，还是你撩她的那颗心到底真不真诚。唯有一颗真心，才能换得另一颗真心。

太直接的要求容易被直接地拒绝

前段时间，一个粉丝给笔者写信诉说烦恼，洋洋洒洒的千字文，其实就一句话：他想和新交女友发生关系，但是对方总是拒绝。

看了他诉说的经历，笔者发现这是一个妥妥的"直男"，非常直接。在他的叙述中，他向女友提出了无数次要求，每次都是几个字，虽然每次的几个字都不一样，但是一样直接：我想要你、我想"滚床单"、我想"啪啪"……这么直白，不被拒绝才怪。

笔者想这位粉丝一定没有读过《孙子兵法》，他也一定不知道三十六计中有一计叫"声东击西"。虽然是古代兵法，但是在如今的现实生活中，这一计的应用频率比我们想象的要高得多。这不是因为本人多么"诡计多端"，而是当你一开始就把真实意图暴露无遗的话，很可能会因为与对方的心意不合而遭到拒绝，越是直接的、唐突的要求越容易遭到抵制。而当你用一个迂回的、迷惑对方的、让对方能够轻易接受的目的来掩盖你的真实意图时，总是能让人卸掉防备之心，一步步地跟着你的步伐前进。等到对方发现你"心不在此"的时候，只能顺水推舟地接受你的真实目的。

虽然声东击西只是在"真目的"和假动作中进行的简单变化，却是一个颇为有效的实用技巧,在求爱之时也是一样。

例如如果你对心仪的小姐姐说:"我们去酒店吧。"这么直接的要求,对方通常不会爽快地答应,这样过于赤裸的性暗示,既没有情趣可言,也不容易被人接受,尤其是那些腼腆的人,肯定不会马上点头同意。倘若能提供一个合理化的理由,声东而击西,那么接下来的事情就会顺理成章。比如说:"晚上我们一起看电影吧。"单纯的对方以为只是看电影,然而看完电影之后就到了长夜漫漫无心睡眠的时候,随后就可以发生顺水推舟的事情。

再例如,当你想要与对方独处的时候,如果说"我们找个没人的地方吧",那恐怕会被认为另有企图(虽然事实就是真的另有企图),很容易被甩个白眼,say goodbye[1]。这时候,你就需要使用各种理由去争取,比如带对方回家一起玩"王者农药",因为一旦有机会独处了,就有了让对方停留更长时间的机会,以便你进行下一步举动。至于到底是玩《王者》还是《连连看》,还是要以迎合对方的口味为原则,让其尽可能地感兴趣。这样一来,你就拥有了充足的时间,随后只要稍微酝酿一下气氛,就可以顺便发生点不可言说的事情。

这里需要注意的是,在向对方做出"假动作"的提议时,千万不要把"请"字挂在嘴边,这会让你处于一个卑微的、不受重视的、可有可无的地位,让你在一开始就处于下风,失去控制权。越是"请"得礼貌周到,越是显得卑躬屈膝,越发让对方觉得自己高高在上。想要约对方去做什么事,就应向对方传递"一起去做"这个信息,把两个人放在平等的位置、突出你们的志趣一致,才有可能实现两情相悦的结果。反之,如果将"我想让你、我想带你"当作开场白的话,只会凸显出你的一厢情愿,如此主观的意愿往往会让对方觉得很不

---

[1] 再见,在此指拒绝。

舒服。

  条条大路通罗马,种种方法可达目的,尤其是面对有些难为情的亲密关系,可以迂回、婉转一些,不那么直接。只要你肯花心思,你会发现经营亲密关系,妙不可言。

你能给予的其实比你能索取的更多

美国"健康网"和英国《爱巢》杂志的报道中指出,很多因素在影响着人对亲密关系的需求,比如情绪、责任、原始欲望、环境等。

越来越多的、不得不硬着头皮去面对的工作压力和感情问题会让大脑紧张疲惫、身体僵硬酸痛,我们往往通过以下几种方法来让身心都回到完美的初始状态:吃吃吃、买买买和啪啪啪。

吃吃吃伤身,买买买伤钱,唯有和爱人之间的性爱,是抚慰心灵的灵丹妙药,是一种具有让人回归本能、抛开外部刺激、放松全部身心的活动。所以当对方遭遇挫折、心情不好时,给予他/她一次淋漓尽致的性爱会有很多好处,看似趁火打劫,实际上你能给予的比你能索取的更多,这是一个双赢的结果。那么,看似索取的亲密行为,都可以给予对方什么好处呢?

好处1:释放高压力

英国进行了一项由睡眠管理专家和两性关系咨询师共同完成的研究,结果显示,繁忙的工作和巨大的压力会让我们晚上失眠,而一场激情的亲密行为正好是解除疲惫、预防失眠的最有效方法。调查数据显示,80.5%的"女强人"都会在忙碌了一整天之后对"爱"的减压方式表现出强烈的渴望。当我们和亲密爱人肌肤相亲之后，双方会从温暖中感受到两颗心紧紧相连的亲密，一番亲密之后，两个人相拥而眠，这种抛开了一切烦恼的放松与安宁是其他减压方式难以带来的。

好处2：舒缓坏情绪

德国心理学家研究发现，同样是在心情沮丧、不开心时，女人对性的渴求度比平时高8%，而男人对性的需求比平时高20%。这是因为男人面对不顺心的事情，通常的做法是"有泪不轻弹"，任由害怕、哀伤、痛苦、悲观、消沉、失意在心中肆虐，也不愿意找伴侣谈谈心，而让他们感到安慰和安全的唯一方法便是简单而直接的亲密行为。他或许会在此时主动接近你，也或许会迅速地对你的诱惑做出反应。所以，当你的伴侣心情沮丧、脸上布满了乌云之时，你不妨主动一回，用最好的亲密抚慰来让他的心灵洒满阳光。

激情过后，身体放松了下来，精神可能依然像是紧绷的弦，但是，此时已经愿意打开倾诉大门，你可以做一个很好的被倾诉对象，促进双方心与心的交流。心情变得放松愉悦的他，也会对你极尽温柔。

好处3：获得安全感

"小别胜新婚"的道理大家都懂，而在小别之前，一种怅然所失的感觉便会在心中蔓延，直至淹没了所有安全感。在分别的时间里，依依不舍的情愫和不安全感程度会加深，因此，分别前的两三天，可以用亲密行为加以确定和巩固亲密关系，消除对方心中的顾虑和担心，让对方深刻地感受到你是属于他/她的，从而获得安全感。

这些地方不适合求"爱"

如果你在求爱的时候已经足够迂回委婉,但是对方依然拒绝了你的求爱,那么很可能是因为你提出请求时不合时宜,天时地利全都不占一点儿,所以就造成了"人不和"的结局。

有位女性朋友小萍前一段和男友分手了,当被问及原因的时候,她表示是亲密行为不和谐。我们十分好奇,她的男友高大、威猛,曾经,她还在闺密圈里炫耀,自己的男友如何"给力",可如今,怎么会因此而分手呢?

小萍叹了一口气说:"他总是不分时间场合,无论是在公园散步、电影院看电影,都会对我动手动脚。我不喜欢像原始动物一样,他想找刺激,我不奉陪。"

小萍的男友犯的错误,是无视亲密行为的私密性。我们都知道,亲人之间的血统爱、朋友之间的友爱、对于长辈的敬爱、对于晚辈的抚爱是在任何场合、任何时刻都可充分表达的公开情感。但是"亲密的爱"截然不同,它更注重私密性。亲密行为的私密性具有隐蔽、不让人知、不让人见的特点,要求不受任何客观环境因素的干扰,更加含蓄、富有诗意。只要心理正常,没有人愿意在大庭广众之下被人围观亲密行为,这也是人类文明化的标志之一。

如果你选择的求爱环境不具备隐蔽性，那么这些不良环境就会让人被迫接受不安全感和恐惧感，你的请求自然会被拒绝。想要提高求爱的成功率，首先你要知道，有些地方是不适合求"爱"的，比如：

1. 有"第三者"在场的地方

人最容易动心的时刻莫过于与伴侣单独相处，若是有第三者在场，求爱请求多半会遭到断然拒绝。人们宁愿掩饰自己的真实感情，也不愿意冒着给别人留下不好印象或被人窥探的风险来"享受"亲密。

因此，你应该学会为对方营造出一种绝对私密的环境，这样一来，亲密行为也就可以"肆无忌惮"地发生了。

2. 败兴的卧室

卧室虽然足够私密，但是如果在卧室内放着父母、兄弟姐妹或孩子的照片，也具有同样的被"窥视"的效果。亲密行为进行到关键时刻，不经意地一抬头，却看见父母在照片中对着自己微笑，必然让人兴致大减。

另外，如果你的卧室杂乱无序，也会让人提不起兴致。当看到地上的脏衣服，你会想：我得去洗衣服；看到桌子上的水费单，你会想：我得去交水费；看到完成一半的工作，你会想：我得去完成工作。在这些想法的干扰下，谁能有心思去做亲密的事？所以，把房间收拾整齐，不乱放东西，不单单是为了美观，也是为了培养一种好心情，去思考生活以外的享乐问题。

3. "危机"四伏的地方

亲密行为不仅仅是一种生理活动，它也是一种心理活动，与专注、耐心、敏感等心理活动相关。上文小萍提到的"公园""影院"，都是危机四伏的地方，即便公园四下无人，也让人没有安全感。如果正在进行的亲密行为被外界干扰，不仅让人心里一惊，凭空生出很多不爽、懊恼、烦躁，还会让人惊魂难定，无法好好继续做刚才的事情。

虽然外界干扰的突然出现并不至于给二人造成器质性伤害，但那种脸红耳赤的尴尬是在所难免的，如果事情发生得较为突然、严重，还会在性心理上投下阴影，导致每次兴致来临之际，常常处于忧心忡忡之中，担心有什么不相干的事情将会不期而至，周围的一点点声响都会让自己分心，因此无法全身心投入其中。

为防止这种严重后果的出现，你不光需要为亲密行为安排合适的时间，还需要布置好合适的地点。另外，在卧室内放置电视机、手机、平板电脑等有声的数码家电产品也是相当不明智的，如果实在不能离开视线，最起码也要关机或者静音。当你做出这些主动排除干扰的举动时，对方也会因此感到你的诚意，更乐于接受你的求爱请求。

给对方一些小小的暗示

亲密关系的促成，往往不是一蹴而就的，无论是谁主动，都需要看到对方有愿意接受的暗示。即使是亲热，也需要一个过程，亲吻、爱抚、脱衣都是有先后顺序的，就如同抛砖引玉般，爱的暗示对促成两个人达成共识具有极其重要的作用。这些暗示并不是简单的一问一答，而是花费一点点的心思来传情达意。

爱的暗示，可以是语言，言外之意，话里有话，也可以是动作，充满爱意，让人无法抵抗。那么，你都明白、掌握、理解哪些爱的暗示呢？

1. 语言类

想上去喝一杯吗？

这句话时常能成为捅破两性关系的窗户纸，使之更进一步的关键语言。这句话言外有意地表达了对对方的认可：我邀请你到我的家里，我邀请你与我小酌一杯，我邀请你和我一起醉酒，我邀请你和我一起借着酒劲儿做些早就想做的事情。

我今天晚上有空。

"有空",代表了时间的空闲,传递出今晚有着可以让两个人充分享受亲密行为的信息,也代表了心灵空间的空闲,意味着无所事事、百无聊赖的心需要你用热情和爱意来填满。"我今天晚上有空"的回应往往是"那我们应该一起做点什么",不因这句话而想到"滚床单"这件事的情侣实在是少之又少。

你累了吧,需要"放松"一下吗?

当你强调对方很疲惫的时候,他/她或许会真的感到疲惫,当你提议对方需要放松一下时,他/她或许会真的觉得自己需要放松。情侣们总是习惯把"滚床单"和"放松一下"联系在一起,所以当你指出你们都需要"放松"时,对方的思维很直接地就被带进来了。

2. 动作类

黄金搭档:眼神交流+莞尔一笑

一项测试结果显示,想要让一位迷人的女士将距离她几米开外的陌生男士吸引过来,最好的办法就是多次带微笑的媚眼,这能够吸引60%的男性与她接近并主动搭讪。如果仅仅是抛出去一次媚眼,效果可能并不明显,如果几次媚眼抛过,却不带微笑,对方的反应也难以达到预期。想要获得较高的求爱成功率,你需要多多与对方进行眼神交流,目光交会之间,你们的想法也会有所交集,再配合上莞尔一笑,就能让对方从你的眼神和笑容中读出你那迫切的爱慕之情。对视和微笑都是对他进行下一步行动的一种鼓励。

想入非非:点头的动作

将现实事物与自己大脑中已有的信息进行匹配,是我们捕捉处理外部信息、理解别人的言语和行动的下意识行为。当男人和自己心仪的女人在一起时,他们都会处于容易接受性暗示的心理状态,这是原始本能。

对于男人而言,女人的点头动作包含着爱的暗示,尤其是看到她使劲地不断点头的动作,男人就会将此与自己头脑中的"海量信息"自动匹配，更加容易被撩拨起来。

无论是语言还是动作，只要能让对方get[1]到暗示的点，就能促成"好事"。毕竟，没有回应，总是让人心里没底，强迫别人总是不好的。

1　get，揣摩出别人的意图。

此处无声胜有声，让环境来成全你

我们对爱的抵抗力是深受环境影响的，有些环境因素在我们看来无足轻重，但实际上不知不觉地影响着情绪的发展，影响着我们所做出的选择。有时候不需要言语和动作，只是一个特定的环境下，就会让人情欲高涨，比如大面积的红色、黑暗的地方、假期之时……

你可知道环境的颜色也会包含着性暗示的意味？

颜色可以潜移默化地影响到我们的情绪和认知。红色，在自然界中具有性暗示的作用。这一点儿我们可以从动物的身上看出来，雌性狒狒、黑猩猩、猕猴和人类以外的其他灵长类动物在排卵期时，它们的血液流动加快，导致了面颊、生殖器和臀部的颜色变得十分红艳，是性成熟的表现，也是雌性向雄性发出的交配邀请。

人类看见红色也会有类似的反应，男人对红色十分敏感，这种标示热情和开放的鲜艳颜色总是能让他们产生持续不断的兴奋和激动。相对于那些身穿其他颜色衣服的女人，身穿红色衣服的女人对男人来说更为性感诱人、更具吸引力，他们会情不自禁地想要离那些身穿红色衣服的女人更近一些以争取可能的接触机会。

所以当你想获得异性关注时，不妨试试红色的衣服、红色的发夹、红色的鞋子和红色的包包。但也别把自己打扮得好像一团火焰，只要身上有一处明显的大面积红色就可以了。另外，红色的睡衣、红色的床单，也可以成为你向他发出邀请的特殊信号。

还有很多男人喜欢黑色，看见身穿黑色丝袜的女人就会忍不住再多看几眼，若是伴侣穿了一身黑色的性感内衣，他更是容易欲火中烧，直想"上下其手"。

男人抗拒不了红色，女人抗拒不了紫色，如果你想要让她更快速地进入状态之中，可增加一些紫色的因素在房间里，比如以紫色为主色调的壁画、紫色的床单、紫色的窗帘等。

另外，男人还比较喜欢黑暗的环境，因为这种环境下，最容易发生"英雄救美"的故事。

影视剧中总会有这种情节：在忽然断电的电梯间，或者黑暗的大街上，女主人公不由自主地靠近男主人公，周围随便一点儿响动，都会让女主人公大惊失色。而此时，便是男主人公展现自己英雄气概和男性魅力的时候。

虽然是影视剧情节，但是也适用于现实。大多数女人是怕黑的，倘若你善于利用她们的弱点，你就能为自己创造出完美的性爱机会。夜半时分，约会之后，你送她回家，电梯坏了，你们不得不爬楼梯，可是黑漆漆的楼道里空无一人，从窗外透进来的那一丝丝月光根本于事无补。她战战兢兢地紧握住你的手，生怕你把她丢在这个危机四伏的地方。这正是你发起偷袭的好机会，借着她强烈的需要被保护的意愿，你搂住她的肩膀、揽住她的腰肢、贴近她的脸颊，做一个随时能够英雄救美的护花使者。等到达她的家门口时，相信你们的亲密举动早就升级到可以一同进屋、直奔卧室的地步了。

另外，在相对密闭的空间中，比如狭小的房间、电梯，我们都很容易缺乏安全感，并对一起身处这个空间里的人产生依赖感。当情感变得脆弱时，你就应该适时地加强求爱攻势了。

顺其自然的身体反应会为你代言

很多时候，亲密行为是一桩顺其自然、顺水推舟的事情。美国性学家曾经做过一项关于"最让人记忆深刻的性爱经历"的调查，结果显示出有超过60%的人都认为那些几乎没有提前谋划、自然发生的性爱是最美好的。当你有了显而易见的生理反应，你的心中欲望和诉求会在对方面前不言自明，他/她看上一眼就知道自己该做什么了。

当他听到你渐渐变得短促的呼吸声、看到你涨红的脸颊和抿着的嘴唇，他就知道现在正是把你拥入怀中的好机会；当她看到你吞咽口水时上下移动的喉结、眼神里的火焰，她就懂得男人现在需要的是什么。

但是，有人会因为各种原因压抑这种自然的反应，尤其是女性。

"我的老婆像是个奇葩，说她性冷淡吧，我碰她也让碰；说她不冷淡吧，可就是不给一点儿反应。"这是一个朋友的倾诉，相信也是相当一部分男性的心声。

中国女性受传统观念的影响较深，认为女人应该矜持，即便身体有了自然的反应，也不愿意表现。其实，顺从身体的反应，才能让爱人更好地了解你的需求，更好地进行亲密接触。如果你选择压抑，只会让事情变得糟糕。

这些内心情欲饱胀引起的身体的正常机能反应，就像是沙子飞到眼里你会不由自主地闭眼流泪、肚子饿了会咕咕叫一样，它来得自然，不应该人为地去加以压制。相反，应该将其展现出来，让对方理解和接受。相信，你的反应，他会懂。

当一个女人面对心爱的男人时，她的呼吸频率绝对会随着心情的起伏发生变化，越是爱得如痴如醉不能自拔，越是呼吸得急促深感氧气不足。这种呼吸频率的好处至少有两点：一点是它与正在享受性爱快感时的女人的呼吸频率相似，男人听到这样短促的呼吸，就会下意识地联想到热烈的性爱画面；一点是随着你的呼吸变得短促、用力，你全身的肌肉都会紧绷起来，尤其是胸部会随着呼吸一起一伏，不断上挺的胸部也能让看到它的男人的情欲瞬间迸发。

女人何时最能确定自己对性爱的渴求已经到了箭在弦上不得不发的程度？那就是她开始不由自主地夹紧双腿的时候。躁动不安的下半身急需获得身体上的摩擦和抚慰，当男人还没有迎合女人的需求时，她们自己就会用夹紧双腿的方法来压制一发不可收拾的欲望。当男人看到女人做出不断夹紧双腿、局促不安的举动，他就会明白这是一个向他示爱，请他"来帮忙"的信号。

什么是智慧？禅宗用一句话来说："饥来餐饭倦时眠。"饿了吃饭，困了睡觉，这就是智慧。同理，想爱了就爱。不需要压抑，不需要不安，身体的反应会为你代言，亲密的人会懂。

最容易被激发的欲望

　　动物们感知对方情欲的方法正是嗅闻对方身上的气味。处于发情期的动物会散发出浓郁的气味，以此来释放出更多性激素，引发大脑产生兴奋、狂喜和快慰的感觉。随着进化，人类的嗅觉尽管已经有所退化，但气味吸引仍然是人体自觉且迅速显现的一种生理反应，彼此之间气味的传递仍然会对性爱产生诸多影响。

　　当我们试着从化学上为爱情寻找性吸引力的根据，也会发现气味对伴侣选择产生很大的作用。可以说，气味是最容易激发对方原始欲望的方式。甚至一定程度上，气味比外表更能决定一个人是否对自己有吸引力。正如《非诚勿扰》电影中舒淇所说：我对一个人一见钟情的话，不是看，是味道，彼此被对方的气味吸引，"气味相投"你懂吗？

　　各种各样的香味能带来不同的效果，比视觉和听觉更能唤起内心的情欲。都说女人身上有体香，然而女人自己闻不出来。所谓未见其人，先闻其香，女人身上的香味，有时候能成为一种激发男人原始欲望的催化剂。女人的香味能激发男性荷尔蒙，男人身上的体味对女人来说也具有性爱意义，女人可通过辨别对方发出的气味来感受他对自己的感觉是爱慕还是抗拒。

对于女人来说，想要让他撩起内心最深处的渴望与浪漫，对你欲罢不能，不妨准备一款适合自己的气味独特的香水，男人常常喜欢你这样挑逗他的嗅觉。看不见摸不着的香水味总是让我们觉得它饱含着情色的味道，暧昧且私密，是一件具有三分味七分情的刺激感官功能的东西。

人类最早用香，便是为了增加催情的效果，使自己的吸引力增加，更容易被异性关注和接近。现在，越来越多的香水广告都是以性感十足、魅力无穷的女性作为主角，短短一分钟甚至十几秒的广告中充斥着或直白或隐晦的性意味和暗示，让人看了以后不知不觉地脸红心跳起来。这种条件反射一旦形成，就会让人在看到香水、闻到香水时立马联想到那些香艳的画面，产生比"助兴剂"更像"助兴剂"的效果，让情欲随之浓烈地弥漫开来。

不管你是哪种类型的女人，香水都会让你"闻起来很性感"，有时候这要比丰满的胸部或是修长裸露的双腿更具让男人无法自拔的诱惑力。但笔者说的可不是路边十块钱一瓶的那种香水，它们只能被称之为"香的水"，或许在遮盖体味、唤起人的注意力方面效果不错，但在吸引男性并使其对你产生性冲动方面往往见效甚微，大多数男人不喜欢这种闻起来就很廉价的、刺激性十足、让他无法呼吸的气味。

对于男人来说，相对于选择香水，男性更应该注重纯正男人味的培养。美国宾夕法尼亚州大学一份人体生物学研究报告指出：纯正男人味是最佳的情欲诱发剂，会给女人带来好心情。所谓纯正男人味，并不是不管不顾，任凭自己身上散发出汗味、臭味、烟酒味，而是干干净净、健健康康、由内而外散发的雄性气味。

除了男女双方身体上的味道，亲密的两个人，还可以在卧室床头摆放一瓶盖着瓶盖的香水，或者点上宜人的香薰，香味若有若无地飘出来，激发暧昧情绪和营造迷醉氛围，为爱助兴。

察言观色的秘密

想要让自己在两性关系中游刃有余,不仅需要你能读懂对方的语言、言外之意,还要具备看懂对方的脸色和肢体动作的能力。这样一来,你才能让自己成为一个懂得把握时机和识趣的人,让亲密关系更加亲密。

而察言观色的能力和秘密,男女有别。跟男人相比,女人在察言观色、洞穿心理方面,具有毋庸置疑的天赋。聪明的女人都擅长看口型、观表情、解读肢体语言、捕捉包括性暗示在内的各种信息,只要稍加训练,每个女人都有可能会成为心理大师。男人往往比较单纯,很容易喜形于色,心情和想法都外露出来,藏无可藏。

那么,男人想要更进一步之时,都会有哪些微表情和小动作呢?

1. 声音变得低沉浑厚、抑扬顿挫

当你把注意力集中在观察他说话的方式上时,你会发现对方的声音和声调随着你们交谈的深入而发生了变化。男人会出于一种本能,用低沉浑厚的声音和抑扬顿挫的声调来与自己认为有魅力的女人说话。这可能是为了给对方从听觉上留下自己非常具有男子气概而且照顾女方情绪

感受的印象。

2. 告别后的一步一回头

我们对所爱的人都会萌生出依依不舍的情绪，当你们分别之后，如果他走出去两三步便转过身来看你，他的心中是有你的，他想与你继续刚才的亲密接触，或许他正期望着你能追过来告诉他："别走，再陪我一会儿。"若是他就此扬长而去，只留给你一个背影，那说明他的心思不在你这里。

3. 交谈的时候，身体（尤其是脚）朝着你的方向

如果他是坐着的，那就观察他的上半身是否倾向于你，特别是脚的方向是否正好对着你，双腿是否很放松地叉开。

如果他是站着的，那就观察一下两人之间的距离。情不自禁地将身体靠近对方，距离保持在五十厘米以内是一种身体接触需求的表现，可表达出对你的喜爱之情和对你的吸引力的认可。

4. 时不时地模仿你的动作

在动物之间的求偶行为中，模仿对方是一种重要手段，这种同步行为现象也出现在人类中，人类学家将其称作"嗜同神经行为"。模仿是一种本能友好行为，代表了一种希望和对方接近的意愿。

说完了男人，接下来是女人。相比男人的丰富感，女人会将"更进一步"的信号集中在眼神上。眼神的方向、看你的时间、瞳孔大小，甚至眨眼的频率，都代表着不同的含义。

1. 眼神方向

当我们心中出现"喜欢"和"厌恶"这两种情感的时候，我们的眼神方向是特定的。你可以先问她一些比较简单的问题，比如她喜欢吃

什么、不喜欢吃什么，同时注意观察她的视线，记住"喜欢"和"不喜欢"的眼神方向，然后问一个与你相关的问题，比如她想不想和你一起出去玩，她的视线方向就会准确地指明她的心思。有时候她虽然会笑脸盈盈地爽快答应，但若是她的视线不在"喜欢"那个方向，那她可能只是礼貌性地与你进行普通朋友间的交际而已。

2. 凝视你的持续时间

眼神接触是一种强有力的情感连接工具，普通人之间互相凝视三秒钟就会将视线转移到别处，因为他们并没有深入了解对方的诉求，也没有渴望对方回应的期待。而面对着心上人时的女人能做到含情脉脉地凝视对方很长时间，以此来持续不断地传递出爱慕之情和潜在欲望。

3. 瞳孔大小

兴奋状态下的女人，她的瞳孔会不自觉地扩大，这与我们受到惊吓刺激而出现强烈的感情变化时的反应一样。

4. 眨眼次数

眨眼也是传达内心想法的一种方式，比如惴惴不安、不知所措、希望得到异性关注等。研究显示，当女人处于兴奋激动状态时，她每小时眨眼的平均次数会比其他人多32%。

另外，除了眼神变化，当女人的内心中充满着互相矛盾的紧张和期待时，女人的手指动作也会发生变化。她会不断重复某个手指动作，比如不停地动手指、磨指甲、敲桌子等。这些小变化、小动作，只要仔细观察，你就会发现其中的秘密。只要多多留意，哪怕不能成为"王者"，好歹也能告别"青铜"段位。

恋上谁的床

在姚晨和吴秀波主演的《离婚律师》中有段话，曾经风靡网络：两个人在一起，睡哪儿都无所谓，床不要都行；一个人，孤独、寂寞、冷，不买张好床抚慰自己，日子得过得有多悲凉。这段话引起了众多"单身狗"的共鸣，但是，也有很多情侣表示，即便是两个人在一起，床也是很重要的！

床这个东西，不仅仅是人们睡觉、取暖、休息的地方，同时也是构成亲密行为的主要部分。也正是因为如此，发生亲密行为也被称为"上床"。"床"在亲密关系中，起着很重要的作用。那么，亲密爱人对于"床"又有什么要求呢？

1. 床不一定越大越好

我们的普遍看法是，床越大睡得越舒服。但是较大的床其实并不利于"滚床单"，不能轻而易举地触碰到对方的大床，会让人产生疏远的感觉。那种两个人睡起来稍稍嫌挤一点儿的床才更利于增加彼此身体接触的频率，不仅能让人感受到温暖和安全，还能让亲热顺其自然的发生。

2. 选择舒服的床单

提到床就必然会想到与身体直接接触的床单，色彩鲜艳的纯棉、若隐若现的薄纱、细腻柔滑的真丝，各种不同的材质能带给人们不同的感受。那些干净平整、色彩图案符合双方审美、材质丝滑、触感不闷热也不冰凉的床单最能唤起人们想要畅快享用亲密的主动性。

3. 拒绝扰民的"吱吱呀呀"

那些床上传来的、夹杂着你身体节奏的吱呀声最让人讨厌了，甚至有的床只是翻个身也会吱吱作响，它发出的声音好像在告诉楼上楼下和左邻右舍"这里有人在'滚床单'"一样。被惊扰到的四邻，或许会在你们正激情似火时，不满地来敲门，大大地破坏兴致。

没拧紧螺丝或床脚倾斜的床、老旧的弹簧床垫绝对是最能破坏性爱气氛的组合，让你的床安静点儿的最好办法就是修好床架，更换床垫。

4. 床上不要堆放太多杂物

一个清洁、舒适的环境比较容易让女性动情，而胡乱堆放在床铺上的衣服、袜子、书本、杂物，甚至食物，都是爱的干扰因素。看到这些物品堂而皇之地占据着本应该属于两个人的身体的空间，总会给人们带来一种凑合的敷衍感觉。想要让对方的情欲活跃起来，就要把床铺整理好，把无关的物品拿走，但也不能整理得太"干净"，连一床被子一个枕头都不留下的床，对方一样不喜欢。

5. 备好"床上用品"

再没有什么比前戏进行到情到浓处时却不得不偃旗息鼓，到处找安全套更令人感到扫兴了。因此，把需要用到的所有东西都放到床的周围，比如安全套、纸巾等，这样才能让你们无后顾之忧。

婉拒别人有多难？

在一个情感调解节目上，有一对特别的调解案例。两个人闹分手不是因为感情不和，不是因为有了第三者，而是因为女方受不了男方做爱时总不在意自己的意愿。在现场，女方很苦恼地表述自己很多时候压力太大，并没有做好发生亲密行为的准备，不愿意与男友发生关系。但是男友为了满足自己，软磨硬泡、无所不用其极，直到她答应为止。虽然没有霸王硬上弓，但是女方表示自己实在是没有精力和心思去应付，不如直接分手。

现场嘉宾认为两人感情没有太大问题，虽然男方欠缺对女方意愿的照顾，但是亲密行为的发生，最终是以女方"口头答应"为前提的，所以，女方也欠缺拒绝他人的能力。

多项研究都指出了同一个结论：不管是男人还是女人，都曾在他们不情愿的时候与伴侣发生过性爱。当你尚未做好接受对方的时候，最大的苦恼往往是"该如何拒绝对方的要求"。话说得重了吧，怕会让其感到失落、不被需要，伤及他/她的面子和彼此的感情；话说得轻了吧，又担心被理解为"欲拒还迎""吊人胃口"，反而激发对方的"斗志"，与自己纠缠不清。

那么，在亲密关系中，婉拒爱人的要求，真的有这么困难吗？其实拒绝别人的理由和技巧有很多。

1. 直截了当，掌握主导权

别把控制对性的渴望的责任完全交给对方，那样既不保险也难以实行。你应该勇于在第一时间坚定地、真实地表达出自己的想法——"不要性爱，至少现在不想"。要在对方刚开口说出自己的欲求，或是对你动手动脚、抚摸你的敏感部位时，将自己的决定明确地传达给对方，而不能半推半就地等到你的衣服已经被他/她脱掉一半，两个人都躺在床上时才鼓起勇气说出拒绝的话。

2. 找好挡箭牌——"大姨妈"

女人的"大姨妈"绝对是抵挡男人热烈的求爱攻势的最佳挡箭牌。当你的身体不舒服，而且处于会对性爱造成不利影响的状态时，男人们一般都不会强求。你可以告诉他："我希望能在彼此状态都很好的情况下再进行这样美妙的事情。"让他保留一份期待，给他一些欲望被满足的可能性，把话说得人性化一些，比直接说"我不想"要好得多。

3. 使命重于享乐，让对方理解你的处境

即使他明确地知道你现在并不在月经期，你仍然能够继续找出种种详细切实的理由来加以回绝。不妨推心置腹地告诉对方拒绝他并不是因为不爱他/她，而是身体疲惫、工作繁忙……让对方感觉到你确实是分身乏术，如果勉强与他/她做爱，除了无法专心之外，还会造成其他严重的后果……这个方法对于男人拒绝女人也同样适用。

4. 拒绝之后，记得安抚对方

被伴侣拒绝，对于任何一个人来说都算是难以承受的打击。在做出拒绝的举动之后，千万别忘了对其做一些补偿，比如深情地看着对方，表达你的爱意。如果他/她仍然心绪难平，就该帮助对方转移注意力，一起去尝试着发掘一些有趣且有益身心的活动来打破这个僵局。最好能跟对方约定下次亲密的时间，用美好憧憬来达成"我们依然很相爱"的共识。

另外，除了掌握拒绝别人的要求，同时继续与其保持良好感情的方法，还应该避免"自找麻烦"。如果你此时不愿意发生亲密行为，那就不要用错误的举动招惹对方。尽量避免独处，即便是独处，也不要做出暧昧的举动。哪怕只是你的无心之举，也不能保证他不会误解为是你的"诱惑"。千万不要只负责点火，却不负责灭火。

别真把自己当成下半身动物

上面我们谈了如何婉拒别人，现在我们要谈的是如何让自己避免成为"下半身动物"。感情发展到一定阶段，亲密行为的发生便顺理成章。但是，千万不要把亲密行为当作维持亲密关系的唯一方法。虽然人们总会说征服爱人就要征服他/她的身体，似乎只有这样，他/她才是自己的。但是，征服爱人并不意味着只是征服身体，仅仅靠征服身体，会让人认为你是下半身动物，给人很猥琐很饥渴的印象。

而一旦当对方对你有了"下半身动物"的印象，他/她就会觉得你根本不在乎他/她的感受，只会千方百计地远离你。就像上文提到的调解案例，男子热衷于和女友做爱，完全不顾女友的主观意愿，最终闹到了分手的地步。

其实，当女友一再表示拒绝的时候，他就应该反思一下自己，是不是表现得过于"饥渴"。虽然征服女人是男人的天性，但是"色"字头上一把"刀"，当对性的渴望超过了对爱的渴望时，欲望就已经处于不受控制的地步了，它很可能会支配着你，使你表现得粗俗、下流，并做出荒唐的事情来。此时，他需要冷静一下，别让欲望控制住自己。要知道，人类和动物的一大区别，就是能够自如地控制欲望，而不是像动物一样发情。

另外，他一直为了满足自己而"软磨硬泡"，却没有找出女友不想与自己享受性爱的原因，由此可见，他并没有与女友进行有效的沟通。如果情侣之间连正常的不涉及性爱的沟通都不够畅顺，那么对方可能不是一个合适的伴侣。

所以，当对方做出面露愠色的回应时，就不要再固执己见，一意孤行地求爱了。亲密行为本来就是两相情愿的事情，是亲密关系自然而然地向前发展下去的一个环节而已，刻意的控制和干扰只会事倍功半。

或许此时有的人会说，如果没有亲密行为，那还有继续发展的必要吗。这样的问题通常很多男人会问："碰都不让碰，还追个什么劲？"

亲密关系虽然包含亲密行为，但是并不仅限于亲密行为。虽说，不以结婚为目的的谈恋爱都是要流氓，但只以上床为目的的谈恋爱也是要流氓。所以，千万别做爱情里的小气鬼，若是你因为对方的拒绝而闷闷不乐甚至心存芥蒂，就等于是在催促着这段感情尽早结束。

而你的淡定、耐心、沉稳、大度则会让对方知道你是一个真正为他/她着想值得信赖和托付的人。你需要努力地去表达自己的爱意，而不是性欲，向对方证明你在乎的是他/她的全部，爱的是他/她的整体，这能让你们继续享受爱情里的浪漫和甜蜜。所有的亲密关系都是在两相情愿的状态下进行的，而不是一种勉强或者迁就的状态，如果是，那样只能证明你们的感情就是一种将就。

【温馨蜜语】面对亲密关系，人们最应该学会的是按照对方需要的方式去爱，而不是以自己想要的方式去爱。用错误的方式去爱别人，你越用力，对方就被你推得越远。

第 四 章

男人的蓝

我不但爱你的皮囊,我还爱你的友善、随和、可爱和亲切!

———

亲密关系心理学

男人如何看待自己的第一次

第一次总是很让人忐忑,无论是第一次恋爱,还是第一次发生亲密行为。如果你的恋爱对象是一个处男,而你们正要步入亲密关系的下一阶段,你此刻最关心的恐怕就是他会如何看待自己的第一次,以及会如何应对这人生中的第一次。

安妮是个年轻漂亮的女孩,毕业之后一直忙于事业,不知不觉已经到了"奔三"的年纪。但是,安妮的个人问题一直没有着落,这可急坏了思想传统的父母。于是,无论是逢年过节还是日常问候,安妮妈妈总会或旁敲侧击或直接询问安妮的感情问题。

不管是迫于家庭压力,还是源于内心对感情的需求,总之,安妮去相亲了。非常幸运的是,安妮没有遇到传说中各种奇葩的相亲男,相亲到第二位男士,便觉得彼此很对脾气。对方比安妮大一岁,看起来成熟稳重,也具有绅士风度,而安妮的干练不失温婉,也让对方颇为欣赏。于是,两人打算继续发展。

随着相处的深入,两人确定了关系。并且从约会,牵手,亲吻,拥抱,逐渐发展到即将吞食禁果。然而就在这"临门一脚"的时候,问题来了:男友是第一次,而安妮不是。虽然男友表示,过去的就让它过去，但是安妮仍然对即将发生的亲密行为忐忑不安。她不知道自己应该作何反应，才不会让两人刚建立好的关系产生裂痕。甚至，她对男友一把年纪还是第一次表示质疑：他会不会是可怕的变态？

安妮的质疑很多女人会有。在当今社会，人们对亲密行为持开放态度，一个男人如果到了三十岁仍没有"第一次"的话，人们看待他的眼光一定是略有异样的。为什么一个应该拥有正常性欲的男人能让自己这么多年都不近女色呢？其原因或许有以下几个：

当一个男人在网上受到了太多性爱内容的视觉刺激，他可能会对现实中的性体验失去兴趣，逐渐发展成无法正确对待男女交往；

当一个男人第一次求爱就惨遭失败后，他就把自己认定为失意者和失败者，在求偶时显得无所适从，行动上也是消极地面对一切，不能积极主动地与女性发展亲密关系；

当一个男人有生理困难或先天缺陷时，他就会害怕在女性面前暴露出自己的缺点，可能会因此回避亲密行为。

你可能不相信，不一定所有老处男都是矮丑挫的失败者，有相当一部分帅哥也让自己莫名其妙地守身如玉好多年。所以小处男成为老处男很大程度上是来自性格、三观和经历的影响，并没有其他人格问题的因素。

排除了人格上的担忧，那么，安妮有过感情经历，有过亲密行为的经验，但是面对第一次的男友，她应该作何反应呢？是当老师还是当同学？

如果你有亲密行为的经验，也最好不要言传身教，可以通过观看相关影片，对他形成指导。让他从影片里学习到实际操作技巧，远比你作为一个过来人对他进行现场指导要好，因为男人的自尊心常是那么不堪一击，他不希望自己一开始就处于弱势地位，对处男来说尤其如此。

第一次去做的事情总是让人感到紧张和兴奋。初尝禁果的男人在异常激动的情绪影响下，很容易控制不住自己的身体，出现尴尬的情况。因此，如果他显得笨拙、无知、急切，你不要显得那么灵活、成熟、稳重。这样的反差，会让他多想。如果他表现不佳，也千万别去打击他，说些鼓励的话有助于让他保持对性爱趣味的追求热情，慢慢来，他总会成熟到让你感到满意的。

同时，他也许会问你这个问你那个，不经意地将你从前的经历敲打出来，你千万不要知无不言言无不尽，那样会很破坏气氛。

如果你也是第一次，你们现在在床上的关系就会更像是同学一般。难免会出现大眼瞪小眼，两个人都手足无措的情况，此时没必要因为一点点的挫败感就妄自菲薄地否定自己，身为处男的他也很难做出五十步笑百步的事情。你们的时间和机会有很多，别着急，多磨合几次就会找到获得快感和高潮的窍门。享受亲密关系不是一件操作起来很难的事情，难的是如何怀着不自卑、不退缩的心迈出第一步。

他不爱"燕瘦"爱"环肥"

在人们的印象中,王子就应该配公主,帅哥身边就应该是身材高挑的美女。所以,只要见到帅哥身边是个稍微肉点的姑娘,就会冷不丁地嘲讽:

"那女的家里有矿吧,不然这男的怎么会看上她?"

"小哥哥,你瞎了吗,看不到你女朋友腰上的游泳圈吗?"

这样的问题,笔者的健身教练阿辉也经常听到。

阿辉是个妥妥的型男,但是他的女友是个肉感十足的女孩:圆圆的娃娃脸,小短腿,腰身也不明显。阿辉对学员要求严格,可偏偏他女友是个极其不爱运动的人,他也从来不强制要求。

每当有人质疑阿辉选女友的眼光时,他总会据理力争,滔滔不绝地把女友从头发丝夸到脚指头:"你懂毛线,我女朋友超级可爱,性格又好……"

阿辉和女友在一起五年,他越来越有型,女友越长越肉,可他们的感情却越来越好。

你或许会以为男人喜欢的是拥有苗条身材和紧致肌肉的女人,所以减肥便成了你为了拥有美满的爱情而做出的不懈努力。其实在绝大多数男人眼中，合格的伴侣应该是丰满柔软、凹凸有致的女人。正如抖音上所说，男人喜欢的女人，是看起来瘦瘦的，摸起来肉感的。如果二者不可兼得，那他们则更偏向选择肉感的。究其原因，有以下几种：

1. 肉感的女人更健康

太瘦的女人让人不由自主想起病美人林妹妹，而肉感的女人则会让人想起宝姐姐。无论肉感的女人是否健康，都会令周边的人产生"胖点健康"的同感。但是，过胖就可能是营养过剩，正如过瘦的可能是营养不良，都处于亚健康状态。因此，过胖的女人还是该减肥就减肥，过瘦的女生该增肥就增肥，争取达到肉感的状态，将健康的概率提升到更大化。

2. 肉感的女人心地善良

尖嘴猴腮的人常常给人留下奸诈狡猾、城府很深的印象，而稍微丰满一点儿的女人则给人带来没有太多心眼、容易相处的感觉。所以男人会远离那些看似精明的骨感女人，而选择看似事事都会顺着自己意愿的微胖女人作为伴侣。

3. 肉感的女人旺夫

人们普遍认为旺夫女人都是胖胖的，娶这样的女人为妻，将会对丈夫的工作或者事业起到积极的影响。虽然旺夫没有相应的科学依据，但是这样的固有观念已经深入人心，即便是为了事业，男人们也愿意选择肉感的女人。

4. 亲密行为质量相对较高

这也是男人"不爱燕瘦爱环肥"的重要原因。雌激素被称为女人爱的"发动机"，它的分泌量是与脂肪细胞的多寡息息相关的，所以那些微胖女人的需求似乎更强一些，这促使着她们更加主动，能与男人的欲望燃起速度产生共鸣。微胖女人也可更快地兴奋，更容易与男人达到和谐的亲密关系。

　　由此可知，当你把身上的赘肉当成是自卑的源头时，男人可没有这么想，他或许会觉得你胖得恰到好处，胖出了一个女人应有的气质、修养、魅力和健康，让他爱你爱得不能自拔。盲目地减肥只会让你的身材变得干瘪，失去女性应有的吸引力，你需要的是有计划有针对性地塑身，让自己该胖的地方胖，该瘦的地方瘦。

脱衣的技巧

脱衣服是爱人之间发生亲密行为之时必不可少的一个步骤,如同干柴烈火的你们此刻是不是巴不得马上坦诚相拥?好的技巧可以让男女双方都享受到激情,脱衣其实也是一种技巧。把握得当,也可以发挥出很好的助兴效果。对于女人来说,如果过于快速地脱光了自己的衣服,难免有不够矜持、被欲望冲昏了头脑之嫌。男人都希望自己主动脱掉女人的衣服,如果你过于简单直接地脱光了自己的衣服,还会破坏男人的心理快感。

想要让亲密行为更加有趣,达到给予对方视觉刺激的最高境界,女人就应该了解一下男人在什么样的脱衣方式面前会缴械投降。

1. 脱衣的速度越慢,激情越快

亲密行为需要一步一步慢慢来,脱衣服也是如此。此时的脱衣绝不该仅仅是为了赤裸相见、肌肤相碰而已,而应该赋予它更多的功能,比如制造出富有情调的氛围。当双方之间的距离已经很近时,最好是一边由浅入深地爱抚,一边循序渐进地脱衣服,而且脱衣的速度一定要拿捏得当,慢慢地脱衣服才能显出你是怀着一颗放松的心在享受,才能在男人面前表现出你的性感，他的激情也就来得更快。

2. 侧身脱衣，美人出浴

女人要记住，永远不要直接正面对着男人脱衣，尤其当男人早已躺在床上，而你还站在地上的时候。正面对着他直接脱衣服会有点儿不太雅观。这时候女人应走到距离男人一米左右的地方再开始脱衣服，而且最好是侧身朝着对方，给他一种看"美人出浴"的感觉，这种让对方无法一览无余的朦胧感觉会让男人心潮澎湃。

3. 层层"奖励"，营造氛围

亲密之前，女人可以混搭着穿上几件比较容易脱掉的衣服，但没必要太过刻意地将自己裹成粽子的样子。脱衣服之时，再通过一些有趣的游戏来逐渐地脱去衣衫，营造浪漫的氛围。每次男人回答或做出一定反应后，就让他脱掉你的一件衣服。这种"被奖励"的脱衣方式可以提升男人的积极性和兴奋度，逐渐将你扒光的过程也极大地满足了他的征服欲望，当他脱下你最后一件衣服的那一刻，也一定是他血脉偾张之时。

4. 反反复复，别让他轻易得逞

男人都是"性急"的生物，但是聪明的女人不会让男人轻易得逞。她们会想极尽挑逗之能，让男人的欲望有起有落。例如不失时机地把刚要脱下的衣服再穿回去，绝对会让男人对你更加欲罢不能。就像是往后倒退几步再跑起来会速度更快一样，这种"反反复复"的勾引能够起到让男人的欲望蓄势积能的作用。

血色浪漫

自从抖音火了之后，就流行着一句话："男人爱不爱你，来'大姨妈'的时候最清楚。"众所周知，女人来"大姨妈"的时候是痛苦的、脆弱的。生理的不适，也会引起心情烦躁、不安。此时的她们，需要爱人周到的关心、照顾和抚慰，连最万能的"多喝热水"都会被认为是敷衍。但是，有的男人在"抚慰"上动起了心思，玩起了"血色浪漫"。

笔者的朋友琳琳就经历了这种"血色浪漫"。琳琳的男友是个高富帅，无论是外形、背景，都是拔尖儿的人。而且，家里就他一个宝贝儿子，从小被捧在手心里长大。刚开始，琳琳跟他在一起，心里还有点儿小庆幸，但是久而久之，琳琳却发现男友太过自私，一点儿都不顾及她的感受。别人家的男友都是哄着女友，而琳琳恰恰相反，她还要去哄男友。要是琳琳不联系他，他也永远不会主动找琳琳。

平时也就算了，每次琳琳来"大姨妈"，他还要缠着她，希望能做亲密的事情。来"大姨妈"本来就不舒服，对男友的亲近自然会有所抗拒。然而，男友非但不体谅，反而冷着一张脸，表示很生气。琳琳解释自己身体不适，他竟然说："你不是怕怀孕吗？刚好来'大姨妈'就不用怕了。"

最终，推脱不掉的琳琳还是选择了承受。之后不久，琳琳就因为大姨妈反复进了医院，医生检查之后说，琳琳患上了妇科炎症，而"罪魁祸首"非但没有意识到自己的责任，却在此时向琳琳提出了分手。

虽然并不是所有男人都像琳琳男友那么自私，但话说回来，一个男人爱不爱你，"大姨妈"真的是很好的考验。

男人经常会说："欲望来了，挡也挡不住。"当他们心中的欲火熊熊燃烧时，他会连哄带乞求地对你提出要求。如果遭到了拒绝，他们甚至会不择手段地要耍小心眼，比如说出男人惯用的四大谎言："我就抱抱""我不碰你""我就放在边上""我不乱动"。此时欲火焚身的他们，完全可以变成丝毫不会脸红的谎话精。他们或是直接采取强硬手段，就连女人来了"大姨妈"，男人也未必会怜香惜玉地放过她。

"我来'大姨妈'了，不可以。"女人语气似乎很坚定。

"我不碰你，我就是抱抱你。肚子疼吗？我帮你揉揉肚子。"男人的言语中带着关切和温存。

"你脱我的裤子干什么？"女人有些隐隐的预感。

"我用体温帮你取暖啊。"男人也脱下了自己的裤子。

下面的内容想必笔者不细说，大家也都了然于心了吧。大禹能三过家门而不入，柳下惠能坐怀不乱，可是眼前这个已然将自己脱得精光的男人，哪里会有如此强大的定力？他若是真的有自控能力，也就不会一边说着"我不碰你"一边却动手动脚了。

那么，为什么即使是女人来了"大姨妈"，有些男人也依然不管不顾地要追求血色浪漫呢？

首先，是男人"不扛饿"。在月经期间，不论男女都容易发生性欲冲动，这是我们都能切身感受到的。对男人来说，伴侣漫长的经期，让其非常容易出现"饥饿"的情况，当男人无法压抑心中那潮水般汹涌的欲望时，难免会做出视"大姨妈"为无物的事情来。

其次，除了"不扛饿"，有些男人还"大男子主义"。他们经常把伴侣置于很低的位置，认为自己才有资格主导一切，对方就算是心情不好、身体不适，也不可以拒绝自己的要求。所以，即便来了"大姨妈"，他们也可能会做出想要亲密的事情。

最后，女人的"心太软"，也是伤害自己的重要原因。大多数女人知道经期亲密行为是非常不利于身体健康的，但在男人的苦苦纠缠、威逼引诱之下，不少女人就一时心软，坚持不住原则了。一个巴掌拍不响，正是你的纵容才让他更加不在意你的感受，不珍惜你的付出。所以，该拒绝的时候就应该表明态度、坚持原则，莫要等到身体和感情都受到伤害时才追悔莫及。

一个真正爱你、珍惜你、爱护你的男人，不会勉强正处在经期的你。在爱你的人心中，你的感受和健康要比他的欲望重要得多。那些不够爱你的、自私的男人才会因为你的拒绝而翻脸，这样的男人还不赶紧甩掉，难道留着过年吗?

一丝不挂？NO

一个女人最性感的时候是怎样的？脱光了躺在床上吗？答案是否定的。一丝不挂的你，未必能调动得起男人的"兴致"。为什么这么说呢？首先我们要区分一下性感和肉感。

现在绝大多数人错读了性感的含义，认为性感就是穿着暴露、丰乳肥臀、姿态撩人，这显然是把性感和肉感混为一谈了。性感不等于裸体，穿着衣服时，衣服能够修饰你的身材，让你显得性感，而不穿衣服时，身材的缺陷就会暴露无遗，尤其是那些走样的身材，只会显得肉感十足。小心暴露得越多性感反而越少，还会给男人带来负面的心理影响，甚至让他的"性趣"消失无踪。

聪明的女人不仅熟知男人的身体反应，更能在床上读出他的心声，知道他最渴求的东西是什么。无论他有多么了解你，你都要在他的面前保留一些神秘感。

比如，与其穿着一件昂贵的内衣，倒不如穿一件样式普通的刚好能盖住臀部的T恤，露在外面的纤细玉腿会恰到好处地引起他的关注，让他对你没有暴露出来的身体部分想入非非。

古人就有云："犹抱琵琶半遮面。"隐约朦胧、若隐若现，是最让人想入非非的状态。并不是每个男人都喜欢女人的身体是一览无余的，其实他们不喜欢一点儿悬念都没有的刺激。比起一丝不挂的肉色裸女，男人更喜欢半遮半掩的性感女人，因为这种衣裳单薄、若隐若现的视觉刺激，能让男人们自发地联想到衣服里面的裸体，继而通过发掘女人的隐秘之处，去一点点地品尝那神秘的感觉，来让自己获得更大的乐趣。

但是，拒绝一丝不挂不代表着一点儿不露，而是要露得恰如其分。想要做到这点，你得先知道怎么用衣服来为自己的性感部位加分。

例如：颈部性感的人，可以穿"V"字领的衣服，再搭配一条与你的气质相称的项链；

肩部性感的人，可以穿着"一"字领直筒形的衣服，领子上可点缀一些花边，散尽女人的万种风情；

胸部性感的人，可以穿透明衬衫搭配同色系的蕾丝文胸，再多解开一颗纽扣，露出性感撩人的事业线；

臀部和大腿性感的人，可以穿上包臀的迷你裙，让它紧绷得似乎随时都会在男人眼前崩开。

另外，女人还可以尝试不同风格的装扮，让自己在男人面前保持新鲜感和刺激感。

不断增添花样和制造惊喜是长久地保持高质量亲密行为的方法之一。你若是想要让男人一直对你的魅力难舍难弃，就需要想方设法地让魅力有增无减，同时发掘出一些新的魅力之处来。富于变化的服饰装扮不仅仅是视觉刺激的直接来源，同时也是心理体验发生改变的诱因。当你穿上一些以前从未试过的性感内衣，或是选择了以前从未尝试过的衣服颜色，都会给习惯了你的穿衣风格的男人带来眼前一亮的新鲜感，让他不禁心潮澎湃起来。

找找借口与耍耍心计

最近刷抖音的时候一直会看到类似的视频:"大宝六个月,二宝又来了,怎么办?""三年抱俩,女人的青春就是这么没的!"……

这并不是段子,而是现实中实实在在存在的事情。笔者的同事小美就是个活生生的例子。小美在公司工作两年,结婚后休了婚假,刚回来上班不久就查出有孕。怀胎十月生产,又休了几个月产假。然而,刚刚才回到单位开始工作,没多少天又被接回家里休养,因为她又怀孕了。

速度如此之快,笔者和笔者的小伙伴都惊呆了!领导对此也意见很大,毕竟,公司正在用人之际,而小美的职位又是必不可少的财务。除了对公司造成不便,小美自己也是苦不堪言。对于一个刚刚才生产完的女人,才刚生完宝宝半年,身体尚处在恢复期,再次怀孕,无疑,伤害是非常大的。

当我们问到怎么这么快二次怀孕的时候,小美无奈地说,还不是因为老公不愿意采取安全措施。

像小美老公一样想法的男人很多,他们的避孕意识和防病意识较弱,又对戴着安全套的亲密方式百般排斥,寻找诸多借口,要出各种心计来让自己顺意。其实,想要让男人乖乖采取安全措施,面对男人找的这些借口,女人也是可以见招拆招,耍耍心计的。

借口1：安全套的尺寸太小

他是不是曾经做出过这样的举动。一番催促之后，他才无可奈何地拿起安全套，在手里比画一下就把它扔到一边，然后理直气壮地说："这安全套的尺寸太小，不适合我。"

这个客观原因似乎合情合理，但或许只是男人使出的借口而已，这个说辞还有满足男人虚荣心的作用，因此男人说起来更是得心应手，脸不红心不跳了。

应对：你可以给他准备各种型号的安全套，看看他还有什么可说的。

借口2：我会控制好，你不会怀孕的

当家里的安全套用完了，一番温存后的他又迫不及待地想要赶紧进行到下一环节时，就会对你说出这句"安慰"的话。这句话与"我会及时撤退的"几乎是前后脚地从男人的口中说出来。但是常识告诉我们，这根本不是有效避孕的保险措施。给女人吃这种定心丸的男人，往往是精虫入脑，根本不在意你是否会怀孕的没有责任感的人，反正对他们来说，事后需要吃紧急避孕药的那个人也不是自己。

应对：如果你不能承受怀孕的后果，就不应该纵容他不使用安全套。若他每次都抛出这样的借口，你不妨和他一起上网看看那些男人"过于自信"导致怀孕的事例，看看血腥的堕胎纪录片，看看紧急避孕药的药品说明书中的不良反应部分。一个稍微有点儿良知的男人，都会毅然决然地妥协；如果以上举动都不能感化他那颗自私的心，请对他说："好走，不送。"

借口3：隔靴搔痒，没有感觉

当灵与肉的碰撞变成了乳胶与肉的碰撞，男人的感受的确会有些异样，就像穿着雨衣淋浴和隔靴搔痒，难以尽兴地享受快感。

应对：想要让男人没有这方面的顾虑，你可以尽量挑选超薄的不影响触感的安全套供他使用。而且伴侣间的亲密接触不能单单依靠器官的接触来实现，你应该学会在刺激双方的其他关键部位上多下下功夫，找到获得更多亲密感的方法。

男人更渴望被爱

有人说，男人渴望尊严，女人渴望被爱。但是其实，男人"渴望被爱"的欲望一点儿都不比女人差。美国《嘉人》杂志曾刊文指出，面对爱人，他们其实更希望女人能够主动一点儿，自己能够感受"被爱"的感觉。他们不曾说出口的"梦想"，也是内心极其渴望女人能够主动做的。例如，夸他很帅、给他来点小浪漫、陪他一起吃大餐、陪他见朋友、给他轻柔的身体接触等。

即便是亲密行为问题，男人也依然希望主动的不只是自己。事实上，在亲密关系中，男人更希望女人能够主动一些，这会让他们感受到更多的快乐。那么，男人希望如何"被爱"呢？

1. 主动挑逗他

一般情况下，亲密行为的要求都是由男人提出，但其实男人更希望女人能够主动一点儿，让他知道，自己是被需要、被爱的。男人希望女人能够主动挑起他的欲望，比如挑逗他，这对于男人来说，是一种享受，更是一种激发情欲的方式。

因此，在前戏的时候，女人不要觉得不好意思，试着去挑逗对方，让他为你着迷吧。如果实在不知道该如何下手，就穿着他最喜爱的内衣，在他面前舞动，也是不错的方法。

2. 让他被动享受

在亲密行为的过程中，男人有时也希望能够成为"享受"的那一方，尤其是他们感到疲惫时，他们更希望女人主动起来。如此一来，男人不仅能感受到"被爱"，还可以感受到双重刺激，更容易让亲密升级。

3. 主动了解他的身体

受我国传统思想影响，女人都比较羞涩，即便是发生了亲密行为，也很少会仔细研究爱人的身体。但是，男人非常希望女人主动去了解自己身体的敏感点，让两人配合得更加天衣无缝。

每个人身体的敏感点不一样，要想知道他的喜好，就得细心观察。例如，他会在你爱抚哪里时呼吸急促；他会在你怎样亲吻他时发出呻吟；他会在你做了什么时用力抱紧你，进一步行动……只要用心观察几次，就能充分了解自己爱人的身体，让你们的亲密行为更加和谐。

4. 主动变换亲热新花样

没有任何事情是一成不变的，包括亲密行为。想要保持高热度的亲热，可以通过变换各种新鲜花样来完成。很多时候，男人渴望尝试更多的房事技巧，但又担心女人无法接受，因此，女人不妨主动提出"尝鲜"，这会给他带来意外的惊喜哦。

在亲密关系中，男人虽然是阳刚、强大的代表，但是他们也是有血有肉的普通人，正如女人需要关心，需要照顾，他们也需要安慰，也跟你一样渴望被爱。甚至有时候，男人还很脆弱，很多的时候需要爱人进行温暖。当然，不仅仅是肉体，还有心灵的抚慰。当男人劳累了，疲惫了，不妨让他像一只懒猫那样，舒舒服服地躺着，享受女人阳光般爱的温暖。

为何如此好动？

有一段时间，笔者公司的"女强人"上班状态不太好。早上九点上班，她总是九点半才到。并且，虽然是化了妆，也掩盖不住她那一脸倦容。有时候，她还会在开早会的时候打瞌睡，这是之前从来没有过的情况。

"女强人，什么情况啊？不会是刚交了男友，夜夜笙歌、纵欲过度吧？"很多同事知道"女强人"新交男友的事情，此时有同事半开玩笑地问。

没想到"女强人"豪放回答："是啊，这么明显吗？"

"不是吧，真的是这样？"同事惊讶得下巴都要掉下来，显然是被这个答案震惊了，"也太……强了吧。"

"女强人"打着哈欠说："还好吧，主要是他总喜欢折腾，来来回回要换好几次姿势跟地方。"接下来便是几个女人比较深入地探讨了"折腾"这个问题（其实女人私底下话题还是很开放的）。

很多男人是这样，每次亲热的时候会不停地更换地点，并不局限于最安全的卧室和最舒适的床上。可能你们刚在卧室的床上热完身，他就把你抱到了客厅的沙发上，刚在沙发上缠绵了几分钟，他又让你躺在地毯上，甚至连阳台、厨房、卫生间这些地方都会留下你们的爱的身影。打一枪换一个地方的行为会让你觉得这简直就是游击战，他为什么就不能老老实实、安安分分地在一个地方善始善终呢？他如此好动的原因何在呢？

现代环境心理学研究证明：人类的心理和行为深受自然环境和人工环境的影响。那些固定的，隐蔽的，私人的地方会给我们带来安全感，而那些随意的，开放的，他人的地方则让我们有一种潜在的危机感。人类为了寻求安全感而总是选择在自己的家里卧室的床上亲热。但长此以往会被模式化、固定化，就会带给人以千篇一律之感，失去亲密行为本身的刺激性和愉悦性，倦怠感悄悄地滋生。

于是，很多男人打破常规，寻找不一样的新奇和兴奋，想方设法地通过变动环境来让亲密行为产生出全新的感受、活力和乐趣。

另外，男人好动还跟体力有关，同一个姿势和动作很快就会让他觉得腰酸腿麻。所以，为了缓解疲惫，男人会不断地变换姿势和地点，以持续更长时间，让亲密行为更完美。

其实，由心而生、顺其自然的亲密行为是最好的，没必要拘泥于形式和地点。如果你总是太拘泥于形式地限制亲密行为的地点，实在是有些迂腐，墨守成规会让亲密行为变成一件枯燥乏味的事。

试想一下，当男人在沙发上一时兴起，正想搂着你就此缠绵一番之时，你却急匆匆地跑进卧室，整理好床铺，拉上窗帘，拿出安全套，脱下衣服，花上了好几分钟让自己处于"万事俱备，只欠东风"的状态，可是这时，恐怕你的"东风"早已化成一缕轻烟消失无踪了。

与其这样思想老化而失去亲密机会，倒不如顺其自然地在那些最能唤起情欲的地方"将就"一下，只要它是相对安全的，隐蔽的，私人的就可以。

男人为什么喜欢看镜子里的爱情动作片?

在一些小电影里面,会出现很多男人钟情的"爱"的地点,例如车里、野外、天台、浴室、镜子前。也会出现这样的画面:在别人家里做客的时候,看到对方家里有一面大镜子,就会联想到不可言说的一些画面。这时,本该"正衣冠"的镜子已经失去了它原本的作用,而是成为一种催情的工具。

事实上,这不仅仅会发生在电影中,现实中的你会发现,如果你们亲密的地方有一面镜子或是有一处能够反射出清晰人影的地方,他时常有意无意地向着那里望去,似乎看着那里比看着你还要让他感到舒服。他在看什么呢?当然是在看镜子里的你们的缠绵画面了。为什么有些男人特别钟情于这种镜子里的爱情动作片呢?

纽约有位夫妻生活治疗师说过:"性是一种活色生香的行为,无论是观察它还是践行它。而镜前亲密的妙处在于,你可以像看小电影一样看着镜子里的自己。"

首先,男人是视觉动物,那种真人演绎的画面会让他们觉得更加刺激。每当从类似电视屏幕的地方看见女人的身体、迷醉的神情、自己的身形、碰撞的动作时,他的心中就会生出一种正在观看爱情动作片拍摄现场一般的兴奋感。男人还会幻想自己是情色影片里的男主角，拥有着强健的体魄、高超的技巧、持久的能力，不仅能令片中的女主角为他神魂颠倒、欲醉欲仙，还能让那些潜在的观众也被他的魅力所折服，这种成就感比单纯的亲密行为更能提升他们的愉悦情绪。

其次，镜中画面的真实感也会给男人带来一种自己正在透过窗户偷窥别人的错觉。当一个男人的需求不能满足于常规刺激时，他们就会转而对那些禁忌的、危险的、非常规的刺激产生需要，比如偷看别人亲热。此时，他或许将镜子中的自己和伴侣都幻想成了其他人，他那本应该偷偷摸摸的窥淫欲就会被极大地、安全地满足。

最后，男人在亲热时，需要获取来自对方的亲密信号。虽然他可以从伴侣的表情、手势和语言来了解对方的感受和反应，但如若只盯着眼前伴侣的身体看，就会比较容易陷入一种当局者迷的境地，无法全面地看到这些信号。所以，如果房间里有一面大镜子，男人们一定会不由自主地盯着镜子里的两个人看，找寻最佳观看角度，而不是看着现实中的女人。

他的性幻想对象不是你

如果你是个心细如发、观察入微的女人，或许会注意到你的爱人在亲热的时候，总有那么一瞬是走神的。

"喂，你在想什么呢？"

如果你突然问这个问题，他是不是有点儿小紧张？

"嗯……在想你这么性感啊。"

这种回答或许很甜蜜，但是也很牵强。此时，男人的脑袋里或许就在进行那根本停不下来的"性幻想"。所谓"性幻想"，就是有关性的一切幻想，也俗称"意淫"。研究报告显示，男人和女人都有性幻想，它是一个用来甄别男女性心理差异的绝好模型。大多数六十岁以下的男性，平均每天至少想到一次有关性的事情，而且他们的自发性唤起频率也要比女性高得多。虽然男女的性幻想都会随着年龄的增加而减少，但总的来说，男性性幻想的频率仍是女性的二倍。

而且男女的性幻想内容、对象也是大有不同的。可能多数女人认为，男人一旦有了伴侣，就应该洁身自好，包括身体和心灵，眼里、心里都只有自己的伴侣，亲热的时候，脑子里也只能存储伴侣的画面。

理想很丰满，但是现实呢？非常扫兴地告诉大家，很多男人在意淫的时候，脑子里想的都不是自己的伴侣。研究数据表明，男人的性幻想多数都是具有视觉刺激的露骨内容，性幻想对象也多是陌生的异性，而且性幻想对象的数量也非常多，有些男性的性幻想对象已经超过了一百人。

一次聚会，关于男人的性幻想对象，女人们开启了吐槽模式，实属难能可贵。前方高能，请做好心理准备。

A：我跟前任分手的原因，就是他告诉我，很多时候，虽然他正在和我亲热，但心里在想着某某大明星。

B：我老公有个怪癖，就是经常让我学爱情动作片里的女人，有的时候亲热一次我都要模仿好几个人，他说这样可以让他更加兴奋。

C：男朋友前一段时间买了个VR眼镜，里面存了好多3D的爱情动作片，他会在我们亲热的时候，边看边行动！

D：我在他手机里发现了好多香艳照片，而且有了我之后，他仍然偷偷自慰。

E：你们都是小儿科，我家那位在亲热的时候要求我戴面具……

以上吐槽都是现实中的实例，现实中也经常会出现这样的情况：女人正在心里对与眼前这个男人进行更加浪漫、大胆的亲热行为展开联想，男人心里想的却是其他女人，那个女人更加美丽、性感、撩人。

可是，为什么男人的性幻想对象常常并不是眼前的这个人呢？

其实，男人幻想与陌生人亲热，可以满足自己的纯性欲、探索欲和征服欲。男人的心中是有着"纯粹的性欲"的，由于他们并不会过多地把性和爱联系起来，所以当面对重复性的亲密对象时，难免会感到枯燥无味（只是对性生厌，而不是双方感情）。那些素未谋面、毫不认识、魅力和风情兼具的女人，能给男人带来完全新鲜的神秘感。为了让自己那"纯粹的性欲"得到最好的宣泄，也为了让自己的探索欲和征服欲都得到满足，他们会幻想与不认识的女人享受以前从未有过的缠绵。

但是，尽管他亲热的时候心里想的不是你，并不代表他不爱你。

一个男人的性幻想对象并不一定是他所爱的人，这已不足为奇。但是我们不能据此来反证幻想与别人亲热的男人是不爱自己的，或是和你之间存在着性不和谐的情况。男人的性幻想多半是他们为了满足潜意识中的探究欲望和好奇心所做出的行为，是发生在内心中的以性为内核的历险，爱情一般不会在其中成为主导因素。

男人进行性幻想时，就像是一位艺术家为了开掘自己对性的新渴求而在不断地找寻灵感，所以他们不会把性幻想对象设定为与伴侣相似的对象，但是男人会把从性幻想中获得的灵感和美好体验反馈在伴侣的身上，比如那些大胆新奇的动作和技巧。

男人的希望与获得方向感

清清是个内向的女子,结婚之后一直在家相夫教子,丈夫小田外表看起来也是个老实人。在外人看来,两个人相濡以沫,是非常踏实、幸福的一对。

然而,平静的外表下却有着汹涌的暗潮。有一天,两个人忽然大吵一架,随后清清回了娘家,小田也不着急去接,两人互不理睬,冷战了好些天。

亲朋好友劝说了几次,两人谁也不松口,都不透露是因何吵架。其间有一天,小田喝多了,在朋友的追问下才说出了两人吵架的原因。

"每次亲热,她都不给我个反应,我不知道自己到底是轻了还是重了,她到底什么感觉,问她也不说。我到底是表现得好还是不好?她到底满不满意?一点儿互动都没有,我觉得自己像是盲人摸象一样。"

"给我方向。"这是很多男人在亲热时希望伴侣做出的反应和互动。为什么男人喜欢在亲热时获得方向感呢?这可能与他们对女人需求的感知天生不敏感有关。

一方面,大多数男人是如此的愚钝,根本不知道女人希望他们什么时候温柔地进攻什么时候暂时休战,什么时候一鼓作气地取胜。若是遇上了矜持的不会说出自己感受的女人，男人就只好误打误撞地按照自己的套路来。

事实上，男人在床上没有方向感是一件十分可怕的事情，两人之间常常会出现自乱阵脚，难以让对方享受到亲密乐趣的情况。这就好比在路上，如果你分不清东南西北，那么就很容易迷失，与目的地南辕北辙。

另一方面他们又是如此的要强，总是想把所有事情都做得尽善尽美，得到对方的夸奖。因此，为了让自己的表现更好，男人们都希望对方能为自己适时适当地提供一些指引。

作为他最亲密的人，你完全没有必要把自己伪装得那么羞涩，而应该在恰当的时机对男人的爱抚做出反应和回报，把自己对敏感点、强度、力度、频率、持续时间的想法，以及那些让你感到不舒服和要调整的地方都明示或暗示给对方，鼓励他在亲热时不断探索。当男人感到你是一个接纳自己，向自己开放的女人后，他们就更乐于毫无保留地展示出自己的魅力和实力，让你更好地享受被爱。

给男人指引方向并不意味着一定要具体明说，男人希望被指引，但不希望被完全夺去主动权。我们所说的"指引"，是那种循循善诱的指引，而不是颐指气使的命令，反反复复的言语提醒会让他觉得自己被操纵、摆布，甚至会认为你是在故意挑毛病。

"她简直是一个支配狂！什么事情都想要自己做主，亲密的时间、采取的姿势、什么时候完事，完全把我的感受和想法排除在外，那她还需要我做什么？倒不如买个器具来得方便。"

"她在我的耳边絮絮叨叨个不停，不停地告诉我该做什么、该怎么做，只要没有按照她的意愿去做，她就会急不可耐地纠正我，甚至训斥我，好像在她眼里，我是一个不懂事的孩子一样，这样的感觉真是糟糕透顶。"

不要让自己的男人发出类似这样的抱怨，聪明的女人应把言语指引、眼神指引和动作指引结合起来，这样才能让男人持续保持着接受你意见的热情。

给男人指引方向时，不需要使用充满色欲的话语去活跃气氛，也不需要卖弄自己的口才，更不需要大声说话。男人喜欢也易于理解的是那种单纯的、简洁的、温柔的指引。举例来说，如果你觉得对方的爱抚和刺激远远满足不了自己的需求，只需要说"还要"就可以；如果对方弄痛了你，你可以说"温柔点哦"，这比直接喊出"别这样"要好。

过分热情会让他心生猜疑

某社交平台上有位网友分享了自己的经历:他是一个软件公司的程序员,最近新交了个女朋友,外表甜美,身材火辣,为人处世也十分得体。人人都说他能在这么一个严峻的形势下找到这么一位"秀外慧中"的尤物,可能是上辈子拯救了银河系。

恰逢过年,父母要求带"未来儿媳妇"回家看看,但是他犹豫不决。

原因无他,只因为女友在亲热的时候显得过于热情,总是一副轻车熟路、迫不及待的样子。这让出身传统家庭的他心里有些犯嘀咕:这样"热情似火"的女人,到底适不适合继续交往?

故事分享后引起了部分网友热议,评论区里有人认为他得了便宜还卖乖,有人觉得他大惊小怪,也有人认为或许女方经历不"单纯"。自然,也有不少女性在叫屈:想让女人热情的是你们,嫌弃女人热情的也是你们,你们咋不上天呢?

很多男人会在亲热的时候对女人说:"别总是躺着不动呀,主动一点儿不行吗?"言语之中有不满也有恳求。在男人直白的要求之下,大多数非常内向害羞的女人此时也会转而采取主动。可是当女人为了更好地取悦他也为了充分展示自己性感的一面,而真的热情似火地反守为攻时,男人的表现却又完全不对劲:非但没有全身心地乐享其中,反而眼神中多了一些不信任。这是为什么呢?

从某种程度上来说,男人在亲热时比女人更会伪装,他的两面派作风来自其复杂的心态。好色的禀性让他觉得主动的女人浑身上下都会散发出性感的气息,而根深蒂固的大男子主义又让他觉得女人就应该被动地配合。所以,他们对女人在床上任何意料之外的表现都极为敏感。同时,会有各种各样不好的猜想。

猜想1:她是不是做错了什么事?

虽然男人很喜欢女人的"火辣"表现,可如果女人表现得过分而且没来由地热情,他会猜想:她肯定是有不可告人的秘密,做了对不起我的事情,所以心怀愧疚,在"赎罪"。

猜想2:她的技巧是不是跟别人学的?

女人第一次主动使出男人从来没有尝试过的技巧时,男人会喜欢这种新奇和刺激,偶尔用用效果不错。但若是每次都主动地换着花样出奇制胜,绝不是一个让亲密行为更加富有乐趣的方法。因为男人观摩学习爱情动作片似乎是一件很平常的事情,只要不是沉迷于此,女人都不会抱有异议。但如果女人热衷于学习这些新技巧、新花样,并且每每要付诸实践地去和男人切磋,男人便会危机感十足:一方面担心自己那些老掉牙的本领会被取笑;一方面担心自己满足不了对方,她会另谋他人。男人会发出质疑的声音:"你是从哪里学来的这些技巧?是不是有外遇了?"一场争吵难以避免,热情过度有时候却是自找麻烦。

猜想3:她一定是有求于我!

无事献殷勤,往往都是有求于人,这是很多人潜意识里的看法。阅历丰富的男人都知道天下没有免费的午餐,女人突然变得主动,昨天还冰冷如霜，今天却热情如火，那么十有八九是要通过性爱来讨好自己，达成自己的某些目的，比如想买下那条售价两千块钱还不打折的项链。

猜想4：她是不是觉得我不行？

当男人被"夺权"之后，就会对"自己是否还能掌控一切"产生疑问，他们会猜想：她是不是觉得我不行？甚至，有的男人会陷入认为自己能力不行的迷茫和恐惧之中。如果女人经常过于热情主动的话，男人便会习惯处于被动状态，久而久之便没有了主动求欢的意愿。

主动和热情是一把双刃剑，你得知道男人什么时候需要你娇羞和被动，什么时候需要你热情和主动，如果把自己的一片好心和满怀爱意用得不合时宜，那就会造成不必要的误会，反而事倍功半，无法让对方感激你的贴心和善解人意。

当你想要主动一点儿时，最好先考虑一下对方的接受程度和情绪状态，主动行为不宜太唐突，自然而然地抓住切入点，循序渐进的反守为攻才是让男人能够享受到由你挑起的激情快意的王道。

探秘男人最"受不了"的呻吟声

与女人聚在一起聊男人一样,男人聚在一起也少不了聊女人,尤其是亲热时的女人。有一次,笔者在网上发起了一个关于女人声音的话题讨论,主要探讨的是女人什么时候声音最迷人、性感。评论中有回答"当她说'我爱你'的时候""唱歌的时候""喝醉酒说胡话的时候"……答案各种各样,五花八门,很少重复。只是有一种答案,重复率却极高,那就是"叫床的时候"。

一位北京的男士说:"我最喜欢听老婆情不自禁的呻吟声,听到她的声音,我就兴奋,因为她的呻吟声会令我觉得我做了一些让她畅快的举动。"

另一位上海的男士则表示:"妻子在亲热时发出的低沉呻吟声,是世界上最美妙的声音,极具诱惑和挑逗。"

还有一位香港的男士称:"平时老婆的嗓门很大,一点儿都不好听,但是一旦到了床上,就像是变了一个人,声音变得很魅惑,让人把持不住。"

女人的呻吟声是美妙的,这几乎是所有男人的共识,但是很多女人并不了解,这个声音对于男人的重要性。尤其是性格内向思想传统的女人,她们在亲热的时候往往羞于发出声音。

她们会想:"我如果发出那种声音,会不会让他觉得我很不矜持?还是忍着不出声吧。"

其实,伴侣之间亲热的时候,都会情不自禁地发出声音,而来自女人的娇媚呻吟声是男人最有效的"充电宝",来自男人的急促呼吸声是女人最好的催情剂。即使我们发出的只是微弱的咝咝声,那也要比完全无声,更能激发让彼此魂牵梦绕的激情。

对男人来说,尤其是这样。一项网络调查显示,90%以上的男人喜欢听伴侣的叫床声,觉得对方叫床会令自己更兴奋,甚至会产生征服感,40%的男人要求性爱时对方一定要叫床,53%的男人期待着对方叫床。

所以,想要俘获男人的心,让他在亲热时更加卖力、更加投入、更加享受,你就需要抛开羞涩,敞开心扉,让美妙的声音从口中发出,传进他的耳朵,刺激他的感官,从而激起他的热情。

那么,问题又来了,叫床并不是顺其自然,想怎么叫就怎么叫,也是需要技巧的。亲热时的呻吟声分好几种,男人对于叫床声的喜好也不尽相同,但是,总有一些呻吟声,是所有男人都抵抗不了的。例如:

1. 软软的呻吟声

柔软而又妩媚的声音会给男人带来一种被暖暖的爱意所包围的感觉,这种美妙的声音是直入心扉的,似乎有着融化一切坚冰的力量。就算是再刚强的男人也会因此表现出自己温柔的一面,尽现怜香惜玉的绅士之风。

2. 清新的呻吟声

如果长相清新的你也能在床上发出同样清新的呻吟声,那就再好不过了。男人会觉得你看上去听上去都非常美好,有一种表里如一的完美之感。

3. 透彻的呻吟声

这种呻吟与清新的呻吟声相似,但是也有不同之处,那就是它会让你显得更加成熟一些。当你发出的声音是透彻的、清晰的,对方一定可以强烈地接收到发自你内心的情欲信号,这会鼓励着他更加卖力地刺激你去更大声地尖叫。

4. 柔美的呻吟声

当女性味儿十足的呻吟声在他的耳边绵绵不绝地响起时,他会觉得眼前这个女人正在用性感的方式来向自己撒娇,自己必须做出有男人味儿的回应,一声柔美的呻吟能够帮助他雄风骤起。

有人把亲密行为比喻成一部交响乐,把视觉、触觉、嗅觉和听觉分别比作不同的乐器,要演奏华美乐章,各种乐器缺一不可。如果只注重其中其他三项,忽视了听觉的重要性,那么演奏出来的乐曲便会显得十分单调、乏味。只有一切具备,才能更加打动男人的心,让他不能忘却。

他说的不一定都是真心话

有句流传网络的名言:"宁愿相信世界上有鬼,也不要相信男人那张破嘴。"这句话是对很多巧言令色的男人的总结。国外某公司对两千多名男女进行的调查数据表明:男人平均每天说谎六次,大约是女人的两倍。

"这是我最后一杯""没事,我很好""手机没电了/没有信号""我现在单身"……这都是男人挂在嘴边的谎言。

有人说,男人就像上了发条的玩偶,在谎言的旋涡里忙碌。甚至有人说,说谎是男人的天性,从少年时代开始,直到生命的结束,像抽烟一样有瘾,而且很难戒除。

不过,有时候男人撒谎并非就代表品质恶劣,他们很多时候说的是善意的谎言。尤其是在具有亲密关系的爱人面前,男人最容易为了以下目的而说谎。

1. 为避免争论

有时候,男人为了避免与女人争论,会说一些小谎。因为他们明白,面对一些有分歧的问题时,在女人面前说真话是件愚蠢的事情。而且在争吵的时候,女人很不好对付。因此,男人会为了避免矛盾的发生而撒谎。

2. 为维护自尊

男人都爱面子，聚在一起也多是喝喝酒、吹吹牛，所以，为了维护自尊，很多时候他们会说一些增强自信心的小谎言。尤其是面对自己的女人，明明自己做不到的事情，却要拍着胸脯保证，这个包在我身上，绝对没有问题。即便做不到，也让自己面子上下得来台。相反，如果跟女人说"这个我没办法"，他会觉得自己很没用，以后再也抬不起头来。

3. 为了让女人安心

在爱情中，女人总是会患得患失，担心自己变胖变丑，男人总有一天会不爱自己。因此很多时候，男人会为了让女人安心而撒谎。例如：你一点儿都不胖，你不化妆也好看，等等。他唯一的目的就是希望你活得开心，希望你知道他是爱你的。

4. 为钱

抖音上火了很多段子，包括男人如何藏小金库。男人都想有自己的小金库，随时可以拿出来使用。自然，这是不能让自己的女人知道的，否则，他就失去了在外面花天酒地的资本。

所以，男人会在这方面绞尽脑汁。每个月发薪水的日子，他们都会编织出各种各样的谎言，只为了把这些钱留下来一部分，以备他用。

尽管男人很多时候说的不是真话，但是男人也会"酒后吐真言"。此时有的小仙女会问，那么，在防备心最弱的亲密行为进行时，他们会不会做出类似"酒后吐真言"这样的行为呢？实际上，他们虽然开放了自己的身体，却未必愿意开放自己的心。

当你向对方索要一个答案时，假如他迟疑三秒钟以上，往往他最后给出的那个答案不是心里的真实想法，而是经历了一番权衡较量、为你量身定制的"答案"。你可以说他是善解人意，也可以说他是心机重重，因为他在此时给出的这些回答都是为了取悦你、让你继续满足他的需求。

例如，如果女人在"滚床单"时问："你是真心爱我的吗？"很多男人的第一反应通常是对这个问题闪烁其词，微笑着又把问题丢给你："你觉得呢？"

若是女人继续追问个不停，表现出不得到肯定的回答誓不罢休的气势，男人就会立刻换上一副爱意浓浓的表情说："当然了。我爱你，我爱你胜过一切。"

这样的回答正是女人想要的，她会感动万分，越发努力地用温柔和热情回馈这份全心全意的爱。然而他口中的"我爱你胜过一切"究竟是真情流露的肺腑之言，还是随口就来的甜言蜜语，或是别有所图的应付对方的谎言？

调查发现，男人在亲密行为进行时更容易将"我爱你"这三个字脱口而出，有25.4%的男人在说出"我爱你"的时候都是违心的，并非他们的真实感觉，而女人在这个问题上相对要诚实一些，说假话的人只有6.1%。男人为什么要在这么大是大非的问题上说谎呢？他或许会在平日里仔细思考一下自己对你的爱恋程度再去回复你，但在亲热时，他的心思都放在享受爱欲之上，被欲望充斥着的大脑根本无暇顾及这个很正式的问题，为了让你安心地与他继续缠绵，维持现在你侬我侬的性爱气氛，他会快速地给出你所希望的那个答案。

千万别把男人在亲热时说的话看得太重，如果用他们此时的回答作为判断能力如何和忠诚与否的依据，你可能会做出错误的判断。

但是，女人也莫要因为明确地感受到他是在说谎而觉得气愤不已，要知道，男人不可能不说谎，这是我们必须面对的现实。但是他们此时没有如实相告，而是用谎言来维护自尊，用谎言来安抚你，并不代表他不爱你。女人都应该学会懂得男人的那点小心思、小谎言，和男人和平共处、相安无事。

关于情趣用品

网上流传着一个有点儿污的段子,一男子有一次去女朋友家,推开门竟然看见对方在沙发上使用情趣用品,一时间,气氛变得尴尬紧张,空气里只有震动的嗡嗡声。两人相视几秒钟,突然没了震动的动静,只见女子娇羞地说:"那个,没电了……你能帮我吗?"男子咽了一口唾沫,激动地点点头,于是旋风般地跑到楼下超市买了电池。

这虽然是一个段子,但是证明了一件事,情趣用品的使用已经很普遍,无论是有没有伴侣。

现代人对待亲密行为的观念已经变得很开放了,从各种购物商城的在售品类里就可以窥见一斑:那些从前被忌讳、只能私底下藏着掖着的各种情趣用品、情趣内衣等都成为热销品。据统计,情趣用品的市场规模过千亿。由此可见,对于现代社会的男女而言,情趣用品在被轻视、被诋毁、被禁锢了几千年后,终于拥有了自己在实用工具领域的一席之地。

但是,单身使用情趣用品似乎是一件无可厚非的事情,毕竟人人都有生理需求,但若是明明有伴侣,却还对情趣用品大加关注甚至购买的话,人们往往会戴着有色眼镜看待,认为这是一种破坏和谐的事情。

虽然大多数男人能接受女人的开放态度，但他们会认可借助情趣用品来获得满足吗？有一档节目就情趣用品相关问题采访了几位男性，很多已婚男士的第一反应是"很正常"。但观察员追问如果自己的伴侣也在使用的时候，不少人的笑容会开始凝固，沉默半晌后他们会说："最好还是不要有吧！"

下面，我们就来探讨下男人对情趣用品的几种看法。

看法一：情趣用品是为性生活不和谐或没有性生活的人准备的

在男人眼中，只有在亲密行为中得不到满足或是根本没有亲密行为，才会退而求其次地使用情趣用品。女人把情趣用品当成男人"使用"，男人把情趣用品当作女人"使用"。

如果一个有着伴侣的女人使用了情趣用品，男人很可能会产生这样的想法："她的男人肯定不行。"而如果这个女人是自己的伴侣，男人就会觉得自己很没有面子："我在她的眼中居然和情趣用品是一个地位的，她是不是原本就把我当成泄欲工具来用呢？"这样的念头是非常不利于维持感情的。

看法二：情趣用品是会让人上瘾的

当男人发现女人对情趣用品的热衷度超过对他的热衷度时，就会产生这样的看法："她已经对它上瘾了。"他会进一步地猜想以后的生活场景，而那些画面往往都是负面的。

看法三：如果女人使用情趣用品，她就不需要男人了

情趣用品给女人带来满足和快乐的同时，也夺走了很多男人的安全感和自信心。他们害怕女人使用情趣用品，是因为它"术业有专攻"，比男人更专长、更优秀、更顺女人的心意，这让男人们越发觉得自身地位被一件工具撼动了。

看法四：情趣用品伤身

有的男人认为情趣用品毕竟是"异物"，不是人类本身具有的材质，使用情趣用品，或许在一定程度上会伤害身体。长期使用的话，或许还会影响对亲密行为的感觉。"总是用情趣用品，会不会让人的身体变得不敏感？"

由此可见，男人们虽然对情趣用品有所宽容，但前提是没有用在自己女人的身上。因为在他们看来，情趣用品无疑击中了自己的软肋，让他们感觉啪啪打脸。如果你正打算尝试一下情趣用品，或是有着想要与伴侣分享它们的意愿，就应该针对伴侣的具体想法，见招拆招。

你该让他明白：人类创造的工具都是为了让生活变得更美好，任何人都可以使用情趣用品。调查显示，20%～30%的人一生中至少会使用一次情趣用品，这并不完全取决于他/她们对亲密行为的满意度，也不取决于是否有伴侣。情趣用品不过就是一种怡情工具，它的存在不是男人能力低下或女人欲求不满的直接证明。另外，情趣用品既不是救命稻草也不是灵丹妙药，所以它根本不可能成为男人的代替品。

他明明想要,却如此害羞

网友妞妞给笔者分享过她和男友的事例。妞妞三十岁,男友大她三岁。两人都不是未经人事的毛头小伙、小女孩,对于亲密行为并不陌生,但两人的亲密行为有些不和谐,似乎就像一对不配套的齿轮。

因为每次亲热,男友都不主动,而是等着夜深人静自然发生,或者等妞妞主动提出。在男友眼里,亲热似乎是一件"不能说"的事。没有语言的预示,更别说会营造情趣,妞妞无法分辨男友对自己是否满意。

刚开始,妞妞以为是磨合期的必经阶段,想着过一段时间,相互适应就好了。可是随着时间推移,依然是没有多大进展。妞妞试图跟男友交流,但他听后瞪大眼睛,像是受了莫大侮辱,一句"你怎么那么多要求"就生硬地把妞妞顶了回来。

有一次,妞妞故意说:"晚上你有事情吗?没事的话我要去公园散步,可能回来很晚,你不用等我了。"男友怔怔地看着妞妞,脸涨得通红,但最终愣是没说出话来。于是妞妞就连续拿这招对付他,每天吃完晚饭就问他一句,如果他不回答,妞妞就去公园待到很晚。男友明显不开心,但就是不开口,固执得像头牛。妞妞无法理解,难道跟自己的女友提亲热的要求很丢脸吗?于是她也犟上了。

一个星期之后，男友终于按捺不住，将即将外出的妞妞拦在了门口。妞妞装糊涂地问："有事吗？你要跟我一起去公园？"男友脸色难看，但是最终猛地打开门，愤愤地道："你去你去，谁不让你去了！"

很多男人像妞妞男友这般，心里很想亲热，但是嘴里就是不说。他们或许在女人的面前表现出畏首畏尾、扭扭捏捏，或许嘴巴犟得像牛一样，在床上的主动性和积极性也不如人意，这是出于什么心理呢？

心理1：自卑感

在亲密方面怀有自卑感的男人，常常会表现出两种截然不同的极端行为。

一种男人是外强中干型的，他们不断地与女性约会，向对方吹嘘并表现自己的"魅力"，给人以情场老手的假象，可一旦上了床却表现不佳，他反而会将这种失败的理由全部推脱到对方身上。越是刻意地表现出自负的人，越可能是一个极度自卑的人；越是在你面前眉飞色舞地夸夸其谈的人，越可能是一个根本没有真材实料的人。

另一种男人是彻头彻尾的退缩派，他们既不敢主动与女性约会，也不愿意主动示爱，虽然他们心里非常渴望亲密，但就是缺乏迎难而上的勇气，始终觉得越是主动越会暴露自己的缺点，倒不如任凭对方支配。从表现上来看，妞妞的男友属于这种类型。

心理2：想偷懒

当一个男人存有"我要让你来带给我满足"的私心时，他就会假装成害羞的样子，似乎对什么敏感点的知识都不懂，对什么技巧和体位都一窍不通，他在你面前的示"弱"是完全故意的行为，这个男人只是想偷懒，不愿意出力而已。

女人可多观察一下男人在生活中的表现，如果他做其他事情都是积极的，与亲热时的状态完全相反，那么他在床上的害羞绝对就是一种偷懒的手段。

如果男人在生活中就缺乏独立自主意识，并且这种习惯深入到了方方面面，讨厌让自己成为一个领导者，总是处于期待着别人对他做出评价和指引的状态中，那么，他的害羞则是出于自卑退缩的心理。

想要又害羞，这样的男人往往只有跟阅历丰富的女人在一起，他们的内心才有安全感和踏实感。但女人千万别对此加以指责，否则他那颗脆弱的小心脏还真不一定能受得住。

男人的小情结

在影视剧中,经常会出现这样一个情节:阳光照耀的海边,穿着比基尼的女人们自由自在、昂首挺胸地穿梭在沙滩上,吸引了无数男人的目光。这些比基尼女人,通常都"波涛汹涌",而那些被吸引的男人的目光,通常都会聚焦在那"波涛汹涌"的部位。

很多男人对女人的胸部有一种无法言说的情结,据调查显示,在女人最为诱人的十个身体部位的选择上,选择大腿的男人有2%,选择背部的男人有3%,选择腰部的男人有4%,选择头发的男人有5%,选择腹部的男人有7%,选择双脚的男人有8%,选择臀部的男人有9%,选择私处的男人有10%,而40%的男人会选择胸部。

男人们常常把胸部作为女人的第二"性器官",当他们触动女人那具有魔力的胸部时,就像是获得了充沛的精神和能量一般兴奋异常。女人胸部的大小和对男人的吸引力成正比,这似乎成了约定俗成的事情。正因如此,女人十分注重胸部的保养。如今各种各样琳琅满目的丰胸产品让女人们都趋之若鹜,就是最好的证明。

但是,男人对女人胸部的痴迷程度,女人永远无法感同身受地理解,这就像是男人永远无法理解女人的购物情结一样。为什么胸部对男人有如此魔力呢?

1. 物以稀为贵,胸大更满足男性好奇心

根据美学家研究,男人最酷的举动就是英雄救美的一刹那,而女人最美的姿态就是胸部挺起的那一刻。

相比于抚摸飞机场般的毫无女性魅力的平胸,男人们对寻求珠穆朗玛峰式的刺激更感兴趣,因为他们不想体会到"自摸"的奇怪感觉。虽然"太平公主"也要比正常体形的男人的胸部大一些,但是胸大的女人更加可以让男人的好奇感得以满足。男人的占有欲也在支配着他们总是倾向于追求那些更有女性特征的异性。

2. 胸大女人好生养

都说臀部丰满的女人好生养,现代生物学证明,胸大的女人有得天独厚的繁衍优势。因为胸大的女人雌性激素多,更加容易受孕。另外,女人胸部水分最多,而男人经常抚摸女人的胸部也可以使其增加水分,对哺育下一代颇有好处。

3. 胸大更能满足男性需求

男人们都喜欢"一手不能掌握"的女人,胸部的大小、形状经常会成为他们判断这个女人是否性感、是否值得追求、是否可以大胆地求欢的标准。不仅是因为审美,也是因为男女身体本应相互配合,如果女人胸小,男人哪里去找温柔乡?亲热的时候,可能男女双方都不尽兴。

4. 胸大更有艺术价值

在男人眼中,胸部的美丽弧度,除了符合男性的审美,还具有艺术美感。从古至今,胸部都是文人墨客们津津乐道的艺术灵感来源之一。例如古希腊的雕塑作品,经常表达丰满胸部弧线的美感;西方的很多经

典油画，也会有各种各样的"袒胸露乳"。而著名的画家马蒂斯、毕加索等，都在用自己的才华不断诠释对丰满胸部的赞美。

5. 胸大女人更热情

在我们的潜意识里，胸部丰满就等同于性感、热情、具有较强的欲望，胸部干瘪就等同于乏味、冷淡。在这个越来越开放的时代，男性更愿意与胸大的女性交往。另外，美丽的胸部还能给男人带来强烈的视觉刺激和欲望。

男人的速战速决

有人说,男人得到了就不会珍惜,不会那么在意。无论是对感情,还是对激情。网友"小当当"向笔者分享了自己的故事。她表示,和男友恋爱一年以后,对方在亲密行为方面开始逐渐改变。近来"小当当"发现,男友总是前戏不足,喜欢单刀直入,亲吻、爱抚她的时间都短了许多。比起对于前戏的热情,男友对一上来就扒光她的衣服,把她按在床上的热情更高。并且,结束之后,男友都会倒头就睡,不会再像以前那样,与自己拥抱、聊天。

像"小当当"这样的案例不在少数,两个人在一起时间久了,亲密行为似乎就成了"例行公事",前戏时间越来越少,调情、浪漫阶段越来越短,甚至有的直接跳过了这个步骤。"速战速决"成了惯例,慢慢享受成了个例。排除生理上的病变,这样的改变,自然就成了男人心理变化的表现。

有句话叫作:"没有前戏的性爱不叫做爱。"男人为什么总是这样直奔主题,想要速战速决,不把女人看得很重、很喜欢的前戏和后戏当回事儿呢?下面,我们来分析一下他们的心理。

1. 前戏可有可无

众所周知，女人们对无休止的前奏极为热衷，她们十分渴求能在这个阶段得到深深的吻、缠绵的情话和温柔的抚摸，所以，对于亲密的整体时间，她们往往怀有尽可能延长的期望。

当她们有了感觉之后，会希望这些美好的感觉能一直延续到结束之后，希望男人能一直给予她们深深的吻、缠绵的情话和温柔的抚摸，而不是单纯地将这些行为剔除之后的活塞运动。

但是在男人看来，越简单越幸福。男人一旦有了感觉后，唯一想做的事情就是尽快发泄，他们觉得自己想要的满足只有从正题中才能得到。若是花费在爱抚上的时间和精力过多，很可能会消耗完男人的激情，让他们没了继续亲热下去的兴致。所以，男人只是将前戏视为能够帮助双方尽快切入主题的调情手段而已，是可有可无的事情。

2. 春宵一刻值千金

对于大多数男人而言，春宵一刻值千金，平常就可以进行女人需要的那些拥抱、亲吻等亲昵行为，何必让它们的存在过多地占用床上的时间呢。虽然男人也非常喜欢亲热的举动，但所谓"做"爱，就是要用直接的宣泄来将爱意表达出来，它是灵与肉交融的最高境界，在此期间男女双方肯定会触碰、爱抚对方身体的敏感部位，没有必要单独分离出一个前戏的阶段。

3. 做得越多，错得越多

当一个男人将前戏草草结束的时候，你不妨观察一下他的表情，如果他的脸上流露出的是如释重负的表情，那么很可能他并不是一个擅长用爱抚来唤起女人情欲的人。

在他看来，自己在不擅长的事情上做得越多，就可能错得越多。倘若他非要用自己并不娴熟的接吻技巧去热吻对方，结果很可能是对方的抗拒；倘若他对你"上下其手"时不小心弄疼了你，结果很可能是你的抱怨；倘若他并不太会用言语来挑逗你，结果很可能会说出让双方都觉得扫兴的话。有着这么多的关于自身能力和前戏要求的担忧，男人就会扬长避短地选择做自己最拿手的事情。

4. 以为伴侣已经获得了满足感

是不是经常会出现这样的情况，他速战速决，你意犹未尽，他大大咧咧，你心生埋怨？这种对比强烈的状态，都是由于男人对女人需求的错误认知导致的。

调查结果显示，当女人清楚地向对方表达自己的性偏好时，大概只有50%的男人会对此做出反应。剩下的那部分男人却用以下观点来为他们的迟钝和无知进行开脱：他们相信只要自己的技巧娴熟，体位富于变化，对方就一定能获得愉快的体验和满足感。所以当他们获得满足之后，就自顾自地认为对方也心满意足，于是做出不再关注对方、倒头大睡的举动。

那么，面对男人的"速战速决"，女人应该怎么做呢？

第一，不要把前戏寄托在男人身上。王小波说过："一个女孩子来到人世间，有权利寻求她所要的一切。假如她所得到的正是她所需要的，那就是最好的。"前戏这种事，不单单是男人的责任，女人大可以试着自己主导这场戏，可能会有皆大欢喜的结果。

第二，自己编写情趣剧本，引导男人入戏。都说女人是最好的演员，其实女人也是最好的导演。"我可以演得好，也可以导得好。"女人可以循循善诱，让男人入戏，一起完成前戏、后戏。

第三，最简单但也是最不建议的办法：换个懂得前戏的男人。这是最直截了当的办法，但是两个人在一起不容易，能不换，还是不换的好。

【温馨蜜语】人们总认为男人冷静、理性，拥有像大海一样的胸怀，勇于担当，包容万象。而男人在亲密的人面前，既可以全副武装，也可以彻底放松；既可以坚强，也可以脆弱；既可以高高在上，也可以臣服于心中之爱。

第五章

女人的粉

我爱你,不光是因为你的样子,还因为和你在一起时,我的样子。

———

亲密关系心理学

女人有没有处男情结？

"处女情结"已经是被广泛讨论过的话题了。男人的处女情结总是被观念开放的女人们所诟病，在她们眼中，有处女情结的男人似乎都显得那么幼稚、偏执、不切实际。那么相应地，女人心中有没有"处男情结"呢？

在这高喊男女平等的风潮下，真正有处男情结的女人其实为数不多，她们大多是一些思想十分传统保守的女人，甚至有些女人将这种保守的意识深化成了对亲密行为的抵触和封闭。她们本身拒绝婚前性行为，洁身自好，同时也将非处男的出现和婚前性行为的泛滥视为不合乎伦理的事情。

那么，这些保留着处子之身的女人为什么会如此在意对方是不是处男呢？

1. 她们认为非处男是荒淫的表现，男人破处之后，他的放纵程度和次数是无法考证的，所以在心中就尽可能地将他们以最坏的形象描画出来。

"他不知道有过多少次，说不定还经常出入'红灯区'，真脏，真恶心！"

2. 她们会认为发生过婚前性行为的男人,都是被欲望控制、缺乏责任感的人。

"一个管不住自己身体的男人,肯定没有多强的责任感。就算是结了婚,说不定什么时候就会精虫上脑,背叛婚姻!"

3. 她们会把处男当作对处女的公平待遇,自己是处女,那么对方也必须是处男,往往希望伴侣跟自己一样,是没有任何瑕疵、完整无缺的。

"我是第一次,他也应该是第一次,不然我多吃亏!"

4. 她们会把男人当作是自己的私人物品,希望他是原装未拆封、没有被人动过的,这是忠诚的另一种象征。

"他不是处男,那他第一次是给了谁?他会不会心里还想着那个女人?"

每个人都有自己选择另一半标准的权力,包括"处男情结""处女情结",只要问心无愧,那便无可厚非。但是如果这样的情结给自己的生活带来了困扰,那就需要适当调整一下。

大多数有过亲密经验或思想较为开放的女人,似乎并没有十分care[1]自己的另一半是不是处男。而且,有很多女人是不喜欢自己的另一半是处男的。处男在择偶之时总是会表现出较真的完美主义,在亲热的时候表现出懵懂无知,在亲热的时候也显得技巧不足和情趣匮乏。尤其是当处男和非处女在一起时,一旦产生了矛盾,他很可能会以此为依据去打压女人。她们会认为,与这样思想极端、做事没品的处男在一起,简直就是自讨苦吃。

其实,理性的女人们不会纠结于所谓的"处男情结",她们更倾向于看重对方是不是真心实意地对待自己,是不是懂得取悦女人,是不

---

[1] 此处指关心。

是有能力让女人拥有一个美好的夜晚，以前有没有做过和妓女苟且这种不齿之事。只要有能力、人品好、对自己真心，管他是处男还是"浪子"，都会照样幸福。

浓妆背后的女人

当今社会，很多女孩子不化妆就不敢出门，甚至晚上睡觉都不敢卸妆，也有很多人恋爱几年，男人都没有见过不化妆的女友！甚至有人发出化妆等同于整容的论调，你见到的美丽女人，不一定是其本来的样子。

网络上流行着关于女人化妆的段子：

"化了妆是少女，卸了妆是大妈。"

"结婚娶的媳妇，睡了一觉失踪了。请问在我床上睡着的陌生女人是谁？"

"和女友走在大街上，一条狗一直对着我们叫，怎么都撵不走，只见女友拿出卸妆棉往脸上一擦，分分钟把狗给吓走了，好有安全感……"

网上的段子有夸张的成分，但是化妆前后女人的变化确实很大。或许正是因为这种变化，让很多女人不敢素面朝天。有人统计，在女人最害怕的十件事中，卸妆是排名十分靠前的一项。在现实生活中，确实存在死活不愿意卸妆的女人。

君怡是个美妆达人，也是阿亮心目中的女神。每次君怡在网上贴出自己刚刚拍好的照片，阿亮必定是第一个点赞、评论的人。历时一年，阿亮终于抱得美人归。都说照片是"照骗"，难得的是，君怡和照片里一样光彩动人。

虽然照片和本人无差，但是君怡每次见阿亮都是化了妆的。这不禁让阿亮感叹道："妆化得真好，真美。"可是转念一想，卸妆之后的她是不是也一样漂亮呢？

但是，两人相恋许久之后，阿亮都没能见到君怡卸妆的样子。即使两个人已经亲密到天天都要见面的地步，她仍然从未素面朝天地出现在他面前，就连在亲热之时，她仍然不肯卸掉精致的妆容。君怡在乎自己的妆容有没有被破坏，更甚于在乎对亲密质量的感受。

有人说，坏人分为两种：白天脱裤子的男人，晚上不卸妆的女人。一个爱漂亮胜过爱男人的女人，一个在男人面前不愿意露出庐山真面目的女人，她真的能全心全意地投入亲密关系中吗？

女人之所以不愿意洗去铅华，或许是觉得你对她的喜爱是停留于外表之上的，你爱的是她涂着粉底、粘着假睫毛、戴着美瞳、画着眉毛时的样子，她在你心中的完美形象全靠这些装扮。如果没有了漂亮的妆容，她可能会忐忑不安地担心自己在你心中的形象会大打折扣，因此惴惴不安。

假如你不想在亲热的时候，一抬头就看见她那油腻腻的与身上肤色形成鲜明对比的脸，应该怎么说服她卸妆之后再来与你享尽鱼水之欢呢？

1. 给她一点儿被人深爱的自信

你需要让她知道：你爱的是一个纯粹的她，这与她化着什么样的妆容、穿着什么样的衣服没有必然的关联，就算是她的真实样貌与化妆后的样子略有差异，也没有什么值得担心的，因为她的温柔、她的妩媚、她的真情实意都能够弥补男人的心理落差。

2. 给她一点儿"大家都是这样"的平衡感

你还可以告诉她：虽然我们在公共场合都会尽量做到衣冠楚楚、

举止得体，但是亲密的两人之间，没必要隔着浓妆。另外，两人在发生亲密行为的时候，所有人都会无一例外地变成大汗淋漓、头发散乱的模样，这种超乎"寻常"的表现其实也是"情趣"的一部分，是自然的、正常的，不值得去介意的。

3. 从她的健康角度考虑

女人化妆使用的粉底类、防晒霜、隔离霜等，都含有油脂的成分，不彻底卸妆，会残留在肌肤纹理中，堵塞毛孔，伤害皮肤。从她的健康角度出发，动之以情晓之以理，让她心甘情愿卸妆。

小温柔里藏着大能量

韩国一位励志作家写过一本《温柔的力量》，书中指出：上帝创造最成功的女人，不是拥有美丽动人的外表，也不是拥有实力雄厚的背景，而是拥有了一份女性特有的温柔。对于女人而言，温柔是作为女性独一无二的气质，是女人似水柔情的展现，是一种智慧，是一种境界，是一种美德，也是一种力量。

女人的温柔，像春风一样，可以吹散烦恼、忧愁；女人的温柔，像夏花一样，给人们带来快乐，带来幸福。一般而言，人们都喜欢和温柔的女人交朋友。和温柔的女人聊天，会让人感觉如沐春风。有时候，温柔比阳刚更加有力量。

关于温柔的力量，笔者曾看过这样一个小故事。一个温柔而美丽的女人，嫁给了一个坐过牢脾气又很差的男人。她出嫁的时候，所有人都摇头哀叹，表示很可惜，大有"好好的一棵白菜被猪拱了"的感觉。这样一个美丽的女人，嫁给那样一个男人，岂不是活受罪嘛。

但是谁承想，结婚后她老公的变化简直让大伙刮目相看：坏脾气没有了，也努力干活了，说话也轻了，对人也友好了。以前总是摆着一张臭脸，后来还时不时对大家笑了；以前好像人人都欠他的，后来也愿意主动帮助别人了；以前他总是独来独往，后来慢慢地朋友也越来越多了。

好多人都好奇，是什么改变了他。难道是新娶的媳妇比他脾气还大，一物降一物？一物降一物的说法没错，但是，并不是以暴制暴的降服，而是以柔克刚的感化。平日里，女人对老公十分温顺，总是轻言细语，声声娇柔，从来都没有大声讲过话。如果家里来了客人，哪怕是半夜，女人都会笑眯眯地起床招待。后来，周围的邻居都爱去他们家里做客。

一个女人，用温柔支撑起了一个男人的内心世界，改变了男人对于人生的态度，也改变了一个家庭的命运。可以说，是这个女人的温柔，支撑起了一个家。这样一个女人，男人怎么会不心疼、不怜惜？

温柔是一种神奇的力量，不仅对于男人，对于女人也一样，它可以让一个硬得像铁的女人，在特殊的时间地点变成一个柔情似水的女人。即便是平日里那个作风大大咧咧、说话粗声粗气的女汉子，在亲热时也会像脱胎换骨了一般，尽是小心翼翼的动作、娇弱可人的表情、和风细雨的言语。亲热时特殊的内在环境与外在环境的叠加影响，正是促使女人对你表现出温柔的原因所在。

在刚强的男人面前变得温柔是女人情欲初被唤起时的潜意识行为。因为刚强与温柔是互为对照、互为映衬、互为补充的。男人在求爱阶段的主动进攻会让他浑身上下都充满刚强的气息，女人就会相应地做出让自己变得更加温柔的调适。若是两个人都表现出刚强或是都表现出温柔，那么多少会令人感觉别扭。

女人早就知道温柔是自己最大的撒手锏。传统的社会性别已经将女性角色与温柔形象紧密地联系在一起，深深地烙印在一些男性的观念之中了。温柔的女人能让男人产生浓厚的保护欲和征服欲，会让他们在做爱时更加卖力地表现出男性魅力，极尽呵护之举。所以当一个平常强势的女人此刻变得非常温柔顺从，偶尔撒撒娇，你应该能感受到她使出化骨绵掌来向你索取更多东西的欲望是如此强烈。

"女人独有的天真和温柔的天分，要留给真爱你的人"，一首歌的歌词是这么唱的，唱出了女人总是会在自己最深爱、最在意的人面前表现出被对方所看重的那些优点。温柔是女人与生俱来的魅力和天赋，当她愿意把所有温柔都给你的时候，她也就真的把你当成了值得托付的人。

　　女人也知道，男人刚强的外表下其实藏着一颗希望有个温柔解人的女人来安抚其满是伤疤的心。虽然性爱本身就是一件可以让人放松心情、舒缓压力的事情，但若是再加上女人的绵绵柔情，男人的感受会更加舒服，那些在外面世界打拼时留下的道道伤痕也能够得以修复，男人也就会对女人的温柔疗法充满感激之情。

　　我们有时候会把温柔看作女人的另一个代名词。不管一个女人的身份地位、年龄经历如何，她都会有自己的温柔之处、温柔之时，有从坚冰融化成春水的那一刻。温柔是来自女人骨子里的，虽然可能这么多年来它都被深埋起来，但它从来不会消亡，只是在等待着一个机会，就像是土里的种子一样，等待着雨水的滋润和气温的回升，只要时候到了，温柔就能够破土而出。

男人的表里如一

没有人喜欢虚伪的人,女人也一样,她们喜欢表里如一的男人。而女人判断男人是否表里如一,有很多小技巧,其中很实用的一个就是观察男人的内裤。女人对男人内裤有着关乎亲密质量的看法。在亲密关系中有一种说法:成也内裤,败也内裤。

贴身的细节代表着对生活的追求,懂得穿好内衣的女人才是真正爱惜自己身体的女人,这是那些真正懂得什么叫生活品质的女人的共识。在意自己的外表,对服饰很看重的女人,同样对男人的着装也非常敏感。男人的内裤对于女人来讲不只是内裤而已,它是一个男人最本质的魅力和品位的高度体现,所以她们有时也会对伴侣的内裤进行评头论足的大讨论。

几乎没有几个男人会在内裤的挑选上花费太多心思,那些完全不修边幅的宅男和深度"直男癌"患者更是如此,买的时候一切随缘,穿的时候一切随机。但是了解女人对男人内裤的看法是十分有必要的,忽视了这个内容,很可能会造成"出师未捷身先死"的结果。

首先,女人会从男人的内裤上看出这个男人的卫生习惯,从而判断一个男人对待自己的态度。没有多少女人会忍受得了外表干净实则脏乱的男人，尤其是亲热时看到一条不堪入目的内裤之时，定会瞬间欲望大减。不管你如何费尽心思地在外表和言行上提升自己的魅力，一条脏兮兮的内裤就足够把你那些不讲卫生的坏习惯给出卖了。结果，无疑会给女人留下这样的印象：我讨厌这个表里不一的男人。

若是你平日里穿得邋里邋遢，可亲热时脱下的内裤却崭新光洁，这会让女人怎么想？他真是一个用心的男人，为了亲密之旅而准备充分？这个念头其实只会在女人的头脑中存在几秒钟的时间，然后她就会开始隐隐地不满了：为了亲密才换了干净的内裤，其他衣服还是那么脏，是不是代表着只清洗了关键部位，身上的其他地方还是原汁原味？他更重视自己还是更重视我的感受？一个个接踵而至的质疑会让女人对你的热情降至冰点。

另外，内裤的样式和色彩的选择可以看出一个人在性上的品位和态度。

不喜欢穿内裤的男人在女人眼中往往是思想开放，行事敏锐，有时过于以自我为中心的人。而穿什么内裤，也有讲究，不同颜色和款式的内裤也能让女人对你产生不同的印象：

穿着花色夸张内裤的男人会给女人带来虚张声势，在自信的外表下隐藏着脆弱的一面的感觉；

穿着鲜艳颜色内裤的男人会给女人带来热情主动、活力四射的印象；

穿着棕色或蓝色内裤的男人会给女人带来沉稳、内敛、成熟、循规蹈矩、按部就班的感觉；

穿着红色内裤的男人会给女人带来热情如火、极爱新鲜的肉欲刺激和在意对方性反应的印象；

穿着黑色内裤的男人会给女人带来神秘浪漫，喜欢女人更主动一些的感觉；

穿卡通图案内裤的男人会给女人带来幼稚、不成熟、喜欢别出心裁的印象。

据调查，最不受女人青睐的内裤款式是三角裤和宽松型内裤，它们都会让女人觉得你是一个性格沉闷、做事缺乏新意、在床上表现得中规中矩的人。物极必反，紧身内裤和丁字裤也让女人很反感，她们不喜欢这样孤芳自赏的自恋狂。绝大多数女人喜欢伴侣穿着低腰弹力平角裤，它能描画出一个外表稳重、内心火热，十分注重和伴侣互动的男人形象。

女人如何宣示主权

正如男人总希望自己是女人的第一个男人，女人也总希望自己是男人的最后一个女人。从常规角度看，男人倾向于将亲密行为看作一种胜利的标志，用亲密行为来宣示主权，表达自己的独占欲；而女人则倾向于将亲密行为看作一种俘获男人的手段，以此来拴住男人的心，让对方更爱自己。其实，女人也会在亲密行为时表现出自己的独占欲，并以这种宣示主权的方式来增加自己成为他的最后一个女人的可能性。

那么，女人会采取什么行为来宣示自己的主权？

1. 让男人帮自己脱衣服

从表面上看，女人让你给她脱衣服是一种腼腆、害羞、拘谨、被动的表现，而实际上，她是在用这个方式赋予你占有她的权利。请记住，脱她的衣服的权利是你的，但是这个权利是她给你的，真正居于主导地位的人是女人。

2. 紧紧地抓住你

当女人感到兴奋或是刺激感强烈时，就会不由自主地抱着男人的双肩或者紧紧地抓住他的胳膊，这似乎是一个正常的生理反应。但其中也包含着一定的心理活动，当男人亲热的时候"抓住"了女人，女人就会用她的双手尽可能地抓住男人，以此作为一种两个人完全结合、相互占有的证明。而且女人还会通过这些动作来控制男人的满足感，暗地里主导亲密进程。当男人感到兴奋之时，他同时感到自己被对方用力地抓牢，如此反复多次后就形成了条件反射，当你用力地抓牢他时，他就会感到兴奋。

3. 用手指梳理男人的头发

当她用纤细柔软的手指缓缓地梳理你的头发时，千万别以为她是找不到放手的地方才顺势这样做的。人的头皮是比较敏感的，用手指梳理头发的时候，我们也会陷入舒适放松的状态之中，此时再加上她的温温细语、柔和声调，你会有些被催眠的感觉，在恍恍惚惚的愉悦感中，男人很容易答应女人提出的各种要求。她用手抚摸你头发的动作也类似于人们抚摸自己的宠物，她那微笑的眼神仿佛在说着："是我的，都是我的。"

4. 主动要求换姿势

如果女人觉得与你一起亲密是很好的感受，她就会放下那些矜持和害羞，进一步显露自己的本色，主动顾及自己的欲望而要求换换姿势，她希望自己此时的地位是与男人平起平坐，甚至是稍微占主导的。尤其是女上男下，最能让她体会到获得控制权的成就感，高高在上地俯视，可以让女人更加真切地看清对方的表情和反应，由她来控制动作的频率和强度，无疑是宣示对男人身体具有主权的最佳方式。

5. 又抓又挠

有时候，女人可能会专挑男人容易感到痒痒的、会发出强烈反应的地方去摸，比如腋下、胸部、腰部、大腿根等处，这样随心所欲地探求男人的身体能为她带来更多的乐趣和征服感。若是你再做出一些并不较真的反抗举动，她的占有欲就会更加强烈了。

6. 在男人身上"盖章"

除了以上宣示主权的方法，女人还会在男人身上留下爱的印记，盖章证明这个男人是我的！看着男人身上爱的印记，她的快乐是不言而喻的。一想到你走出去，面对别人的时候，带着这个昭告天下"我有女人"的印记，她对你会被别人抢走的担忧就少了许多。如果你愿意让她在你的身上留下印记，女人心中的安全感就会倍增，她会深深地感受到你的信任和爱意，这会让她更加确定你就是她的真命天子。

她为什么见不得"光"

无论天气多么好,心情多么愉快,两情多么相悦,可女人似乎就是无法接受光天化日朗朗乾坤之下做羞羞的事情。即使是晚上,她们也多数会要求关上过于明亮的灯,只在微弱的灯光或月光下办事。

有一项关于亲热时应该开灯或关灯的调查,在接受调查的六百人中,有60%的男人表示他们更喜欢开着灯亲热,而持这一意见的女人只有10%。另外,有4%的男人选择了白天亲热,而调查中的女人们则没有人选择这一项。调查的评论里有网友说,早上在刷牙洗脸之前,来一场男女大战,难道你们都不上班吗?而且,在白花花的日光下,真的不觉得有点儿害羞吗?点开头像,毫无疑问,这个评论者是女人。

为什么女人们就是不愿意"见光"呢?她们的心里究竟是怎么想的呢?

1. 看不见的身材都是好身材

当女人觉得自己的身材不够好或表现不够佳时,在明亮的灯光或日光照射下的胴体就会形成一种视觉刺激,越发地让她对自己信心全无。闭上自己的眼睛无疑是一种掩耳盗铃的应对方法,最好的增加信心和专心的办法就是让房间里一片漆黑,越是看不到身体,也就越不会主动去想起自己的身材有多么不完美、动作有多么不雅,或者自己的脸因为兴奋而变得难看,这些"缺点"在黑暗中都会得到掩饰。即使大脑开始思考身体是什么样的,也是一种美好的幻想,这让她可以更加兴奋地专注于亲热。

2. 看不见,才能幻想出一个完美的"你"

人类存在着幻想,这是有别于动物的地方。女人的幻想更是奇特,她们喜欢将男人的真实形象与她那天马行空的设想完美地融合在一起,幻想的内容多是富有浪漫色彩和情趣的。比如一位风度翩翩的白马王子来营救她这位受难的公主,海边小镇酒吧里的机缘巧合的邂逅。若是亲热时的环境过于明亮的话,你的形象和真实行为就会大大地影响她幻想的广度和深度。只有谁也看不见谁时,她才能从黑色的背景中幻想出一个近乎完美的"你",来与她共赴云雨。

那么问题来了,男人喜欢有光,女人却喜欢避光,怎么协调才能和谐呢?

其实,女人对灯光的抗拒并没有到必须伸手不见五指的地步。你大可不必因为你喜欢在灯下亲热,她却见不得光而烦恼不已。灯光可以有,你只需要调整好它的颜色和亮度即可。女人喜欢在朦胧的灯光下与男人进行缠绵温存的前戏,橙色、粉红色、紫色的灯光让你显得浪漫,也让她显得性感,非常有利于你们进行眼神交流。随着她渐入佳境,你将灯光调暗到能看见对方的身体轮廓即可,不失时机地告诉她你有多么爱她,包括她身体的每一个部分,这样她才能充分发挥出自己的温柔可人和性感火辣。等她习惯了在这样微弱的灯光下亲热后,你再一次次循序渐进地调亮灯光,最终就能让她逐渐远离黑暗,在你面前袒露一切。

而到了男人喜欢的明亮环境中,男人也不可掉以轻心。女人容易把注意力放在自己的身材缺陷上,看着大腿觉得大腿粗,看着肚子觉得肚子胖,看着胸部觉得胸部下垂,继而认为把自己的裸体暴露给伴侣,是一种会严重降低自己在他心中的美好程度的行为。此时需要男人充当女人的打气筒,多做鼓励。

为了能让她乐观地面对自己的身体,男人需要让女人知道:身材不好并不能让你变得毫无魅力,真正让你变得不再光彩夺目的是你的沮丧情绪。你应该对她的身体抱着欣赏的态度,不吝惜溢美之词地给她加油、为她打气,她的放松、她的信赖、她的自信、她的积极回应,都是你获得完美亲密行为的必不可少的条件。

演技派与实战

"宝贝，你可真棒。"

听着她娇喘连连的溢美之词，你是不是特别有成就感？听着她销魂的呻吟声，你是不是觉得自己的每一个动作都准确地在她的敏感区和兴奋点得到了回应，对此颇为得意？不过先别高兴得太早，你需要好好分辨一下，她的"快乐"是你给的，还是她自己演出来的。因为事实上，女人能在短时间内获得满足感的概率是很低的。如果她过早地或者过于敏感地表现出了看似强烈得不可抑制的满足，那么很可能你在床上遇到了一个演技派的伴侣。

或许你很费解，满足感也可以假装吗？但其实，女性假装满足的现象已经非常普遍。电影《当哈利遇上莎莉》就用十分夸张的手法将这一现象做了表达：当男主角哈利和女主角莎莉在餐厅用餐时，哈利自夸自己"能力"很强，一定能让所有女人满足。而莎莉则告诉他，女人的满足感是可以假装的，哈利以前遇到的女人，也不一定都获得了满足。哈利表示难以置信，他不明白这种难以自控的满足感，是如何假装出来的。

于是，莎莉便开始了自己的表演：她声情并茂地表演了一段，包括难以自控的呻吟和心满意足的大叫。莎莉的表演令全餐厅的人为之侧目，甚至将刚落座的老太太惊得目瞪口呆。而具有戏剧性的是，当侍者问老太太要点些什么时，她指着莎莉说："我要点这位女士刚才吃过的东西！"

那么，女人为什么要在床上演戏？她的努力迎合对男人而言是好事还是坏事？女人真正获得满足时到底是什么样子呢？想必你心中的疑问是一个接着一个的，能关注这些问题的你，应该是很爱她的男人，因为你在意她的满足，就像在意自己的一样。

首先，让我们来了解一下女人真正获得满足是什么样的。美国专家曾经对此做出了定义：类似于轻微触电一样的极度快感从私密处产生，然后迅速传导至全身，使得手指、后背和大腿肌肉都会不由自主地颤抖和紧绷，皮肤同时会出现潮红、肿胀、流汗的生理反应，并发出快乐的直觉反应——叫床声，整个持续时间2~5秒钟。每个人的体质不同，实际出现的情况也会稍有不同，可能有些身体敏感的女人，她们的反应会剧烈得多，甚至出现短暂昏厥，而那些体质较麻木的女人，或许只是表现出一瞬间的身体抖动，以至于不少女人自己都无法确定是否有过这种体验。

那么，女人为什么要假装高潮？真的有欺骗男人的必要吗？

对于女人而言，影响满足感的因素很多，例如前戏不足、男人的技巧不纯熟、女人觉得害羞、有过不愉快的经验、害怕怀孕等，种种因素决定了女人的满足来得慢、来得难。大部分假装满足的女人怕给男人带来挫败感，不忍心看到他如此投入却得不到回报，为了取悦对方，维护对方的自尊心，并保持自己对男人的吸引力，所以做出了这种善意的欺骗举动。

有些女人是在劳累了一整天后疲于应付男人说来就来的性需求，她们在床上无动于衷反而会导致男人采取更强烈的攻势，为了缩短性爱的时间，节省体力，她们不得不让自己"早点"满足来刺激伴侣，使自己快速获得解脱。

有些女人则是想借助精彩的高潮表现来掩饰自己真实的态度,不想被人认为是性冷淡。

无论是出于什么目的,假装来的满足,毕竟不是真的满足。长时间的演戏,会让自己变得麻木,也会让伴侣觉得太过虚伪。与其让高潮子虚乌有,倒不如让满足顺其自然地发生。

其实女性难以轻易获得满足的原因,并不一定都是身体上的问题或是你的能力不足造成的,心理和环境也能够对她形成阻碍,让她难以集中精神享受。所以与其千方百计地刺激她的敏感点,增加亲密的时间和强度,汗流浃背地换来她那子虚乌有的满足,倒不如根据她的状态控制节奏,让对方能在轻松舒适的没有"被满足"心理压力的环境下,充分享受亲密的情趣和浪漫。这样一来,满足或许才有可能顺其自然地出现,让女人拥有极致的体验,让你自己获得巨大的成就感。

再者说,多数情况下那种同时获得满足的说法都只是炮制的"神话",是为了描述男女双方的最美满境界,千万别对它抱有坚定的、在现实中必须实现的意愿,否则就会出现双方同时向对方和自己施压的情况,反而可能导致彻底失败。正所谓无心插柳柳成荫,同时获得满足的默契往往可遇不可求,顺其自然,不需强求,可以更加自如地享受亲密。

是迎合的请求，还是不满的催促

作为一个男人，如果听到女人在亲热时对自己说"快点"，会是什么感觉？激动？兴奋？或许你会觉得，女人是控制不住自己的感觉，想让自己快点，以便获得更加极致的愉悦和充分的满足，但其实，这个词或许就是字面意思。

以下对话，感受一下。

"快点。"她轻声说道。

在他的耳中听起来就是"快点，动作再快一点儿，那样我会特别舒服"，于是他更加卖力了。

"快点。"她重复着，语气让人揣摩不透。

"我已经很快了，再快的话，你就会痛了。"他解释道。

"我是说，快点结束它！"她终于吐露了心迹。

听到这样的话，多数男人会感到非常不自在，仿佛深受一种被嫌弃的恶意伤害。男人都会觉得自己的卖力付出得到这样的催促是十分不应该的，甚至是特别受伤害的。

"不都说女人不容易获得满足吗？不都说能坚持半小时以上的男人才算是能力强、技巧高、被女人喜爱的男人吗？"

这种观念的形成，或许是源于别人的经验之谈，或许是一部分性爱书籍中记载，或许是朋友之间的相互吹嘘。所以，即便是自己也觉得不想再做下去的时候，为了让对方满意，男人也会极尽所能地延长亲密的时间。可结果却往往与女人的意愿背道而驰，于是，就出现了对话中那一幕。

女人为什么不喜欢持久过头的男人？事实上，大多数女人觉得亲密的持续时间有个十分钟（不包括前戏和后戏的时间）就可以了。女人获得满足确实不容易，但女人的愉悦程度并不与男人持续的时间长成正比例。女人在意的是质量，而不是时间。那些低质量、高强度、长时间，而且缺乏技巧的活塞运动不会让女人愉悦，甚至会给她带来不适感。此时对女人来说，男人的持久无疑是一种忍受和折磨。

男人需要知道，刻意追求伴侣的满足而延长亲密时间，很大程度上是事倍功半的自作聪明。因为那不仅会让你的身体疲惫不堪，还会让你从享受真正乐趣上分心。到时候，可能女人还没有获得满足，你自己反而出现"迟泄类"的功能障碍，得不偿失。与其在枯燥的活塞运动上付出不必要的也不被女人需要的时间和精力，倒不如好好钻研一下前戏和后戏的技巧，这样会更讨她的欢心。

其实，要区分她的"快点"是迎合需求还是催促并不难。你可以在她说这句话的时候看看时间，如果你已经"不厌其烦"地在她身上辛苦劳作超过一小时，恐怕她早就心生厌倦，是在催你快点结束。你也可以观察一下她的表情，女人"想要"还是"不想要"的心思此时都会写在脸上，看看她的眼神里到底是渴求还是烦躁，她是眯着眼睛享受还是瞪着眼睛怒视，你就知道自己应该怎么做了。

浪漫和快感一样重要

"我真是服了我家那位了,一点儿都不浪漫!"同事蜜蜜在下午茶时间抱怨。

此话一出,八卦神经被激活的女人们分分钟围了上来,开启了"吐槽大会"。

"浪漫这回事,应该是男人做的,但他们总是没有那根筋。"A附和道。

"别的时候就罢了,就连那啥的时候都不知道制造点浪漫气氛,一上来就进入正题,真是让人无语。"蜜蜜撇嘴,委屈巴拉地说。

"还指望他们制造浪漫呢,有时候我准备好了鲜花、红酒,他还嫌我做作,当时真想一酒瓶子敲他脑袋上!"B也适时地大吐口水。

"他们都不知道,即便是在床上,浪漫对女人也同样重要吗?"蜜蜜抚额,大有"朽木不可雕"的无力感。

"可能这就是所谓的,鱼儿上钩了,就不想放饵了吧。"C"总结"道。

男人天生爱风流,但女人天生爱浪漫。日常相处中,女人们会希望男人时不时给自己点小惊喜,比如:情人节的鲜花巧克力、生日当天的精致礼物、各种纪念日的大小红包等。除了日常相处的浪漫需求，女人在亲热时，也需要浪漫。

有时候，女人的快感不仅来自双腿，还来自双耳、双眼等感官。其实，女人并非完全凭借这个男人是否技巧高超来判断亲密质量如何。女人更在意亲密过程中是否被男人尊重和宠爱，任何带给她感官刺激的浪漫感受，都会成为让她感到愉悦的事。如果男人只是依靠身体的撞击和全方位的安抚就想让女人获得满足，那很可能适得其反，因为她们视觉、嗅觉、听觉、触觉的需求，都远远没有满足。

亲热时情趣的匮乏，容易让快乐的事情显得单调而乏味。对女人而言，浪漫就等同于情趣。在亲密的过程中，对浪漫的心理期待是每个女人都有的，她们从骨子里就对那些低沉的音乐、柔和的灯光、动人的情话等营造出的浪漫气氛没有抵抗力。假如你忽略她对于浪漫行为的渴求，而单纯以亲密交合为目标，就会令她觉得枯燥无趣。此时的"双人舞"更像是男人的狂野独舞，就像一心只想到达目的地的旅行，让人难以领略到沿途的美妙风光。

或许，男人也明白女人喜欢浪漫，但是他会觉得在亲热的时候还要制造浪漫，既要付出体力，又要付出脑力，是一件非常花费心思的事情。其实，女人想要的浪漫很简单，不一定非要"绞尽脑汁"。即便是普普通通的肌肤相亲和温柔细语，也是一种美妙的、有乐趣的浪漫行为。这些身体的触碰和言语的刺激都能够起到增强情欲的作用。

因此，如果你想带给女人极致的快感，那就应该学会用其他的感官刺激来加以辅助，给她最爱的浪漫。例如，多给她一些恰到好处的拥抱、恰到好处的亲吻、发自肺腑的称赞，她们会因为你的精心付出和富有情趣而获得非常快乐的体验。

女人也爱听的声音

"哈尼，为什么你们总喜欢女人在床上哼哼唧唧？"

"因为好听啊！再说了，你感觉到愉悦，难道不会控制不住地哼哼唧唧吗？"

"可是，你们男人不是更愉悦吗，怎么不见你们男人哼哼唧唧啊？"

"呃呃呃……"

以上对话，相信会发生在很多男女之间。对于"叫床"的问题，人们普遍的看法是：女人应该扮演"发声者"，男人则应该扮演"聆听者"。其实，在越来越开放的今天，不管是男人还是女人，都喜欢听对方"叫床"。

一项调查显示，超过90%的男人喜欢亲热时听到对方的呻吟声，而喜欢男人发出叫床声音的女人也超过了70%。其中，有50%的女人认为，听到男人的叫床声会让自己的身体更容易处于兴奋状态；20%的女人觉得男人的叫床声等同于温存感，会让她们的体验更加丰富饱满。这些数据都证明了，若是能在亲热时得到对方的回应以及语言上的沟通，女人便会得到更多被关爱之感。

但事实上，在亲热时主动叫床的男人比较少见，他们也很少会问一下自己的伴侣："你喜欢我叫床吗？"特别是"直男癌"患者，他们更希望通过一声嘶吼来宣泄出自己的快感，而不是类似于女人的那种充满诱惑的断断续续的呻吟声。

那么，男人在亲热时为何不愿意发出声音呢？对于大多数男人来说，原因大致有以下三点：

1. 不习惯

男人从小到大所学的为人处世原则就是刚毅隐忍，如同男人很少在悲伤时哭泣、惊吓时尖叫、痛苦时哀号一样，他们在亲热的时候也缺乏用发出声音来表达情绪的意识。所以，他们不习惯于用各种声音来表达内心的喜怒哀乐，在床上的表现也稍显安静了。

2. 自觉声音难听

男人的声音是低沉的、粗糙的，男人的音量是难以把握、经常暴走的。尽管主观、客观上是愉悦的，但男人在激情时发出的呻吟声更像是痛苦的哀号。他们并不太擅长掌握声音的起伏、顿挫、高低、节奏，总是随着性子，想喊就喊，往往喊出的声音完全与亲热时的气氛不协调。

3. 不知道从何开口

很多男人也想用叫床的方法来刺激双方，使双方的欲火更加膨胀，但男人实在不知道该发出怎样的感叹才能准确表达出自己当时的感受。"好舒服""你好棒""我爱你"之类的叫床台词似乎都太过于女性化，从自己嘴里出来难免有些娘娘腔的姿态，让彼此觉得不舒服。

其实，叫床是一门"低门槛"的技术活儿，男人的呻吟、嘶吼、言语都能传递出各种各样的信息，能让女人更加了解自己的想法，更好地配合。

如果实在是不知如何叫床，可以参考一下最简单的攻略：抓住激情时刻张开嘴，合情合理地叫床。如果是第一次叫床，心理负担肯定是有的，担心自己不会叫，不知道在哪里开口叫，叫得无法达到取悦对方的效果怎么办，叫过之后会产生什么样的负面影响。别紧张，别着急，别死死盯着那些不是机会的机会，男人只要在几个关键时刻发出声音即可。比如刚刚进入主题时，比如女人主动时，比如感到极致愉悦时……

此时发出的声音千万不要太大，以免太过突然吓到对方，只需用类似深呼吸或者舒服的叹息即可，这样才能正确表达出"我很舒服，你继续"的意愿，让她能够获得正向刺激继续卖力地取悦你。如果想与对方进行更加深入的交流，就需要巧妙地将叫床和语言糅合起来，用称赞、鼓励的话语继续强化刺激，让她乐于尽心尽力为你服务。

她需要一个合理的机遇来施展自己的"才华"

都说女孩的心思你别猜,而女人的心思会因为她们的羞涩变得越发难以读懂。其实,她不是没有自己的需求,也不是没有自己对于亲密关系的看法,更不是没有让亲密行为变得更美好的能力和情趣,她只是缺乏表达的勇气和机会。

很多女性虽然有自己的需求和喜好,例如在生日当天想要得到什么样的浪漫,在亲热的时候想要什么样的前戏,甚至何种姿势更易获得愉悦……但是,她们常常由于没有合适的时机提出这些想法,担心对方会做出震惊、失望或苦恼的反应而踟蹰不前,所以不愿说出自己的意见或建议,掩饰着自己的本质,抑制着自己在亲密方面的"才华"。

Sandy是个时尚女性,在朋友的眼中,她对工作和生活都有着自己的主见。但是,最近她对自己男友有些无语。

"他总喜欢炫耀自己,无论是平日相处,还是亲热的时候,总喜欢表现得自己'无所不知、无所不能',并且十分享受别人对他的崇拜。面对他的'迷之自信',我真的很不想打击他。"Sandy抚额道。

尤其是在亲热的时候,男友总喜欢炫耀自己的"威猛"和"技巧"。而当他正在炫耀自己的技巧时,Sandy只是微微一笑,保持沉默,因为她觉得这些看着不错但实际上中看不中用的技巧并没有什么,她早已懂得更实用的招式和技巧。

Sandy说:"我微笑地看着他,就像是看着一个刚刚学会写字就在老师面前炫耀的小孩子一样。"

然而,Sandy只能回馈以微笑,因为虽然她的知识比男友更丰富,经验更实际,可是让她像男友一样面不改色心不跳地大谈这些敏感话题,始终会让人觉得难以启齿。为了让自己的美好形象尽可能地在他面前长久地保持,她总是会对自己的需求轻描淡写,不露痕迹。

其实,很多女人懂得一些更实用的招式和技巧,如果你想让她真实的那一面尽早显现,想让她所掌握的那些实用知识给你们双方都带来更多的快感,你需要为她制造一些"巧合"。

比如,在床柱上轻轻地绑上一条领带,在枕头下放上一件带着全新吊牌的情趣内衣,让她顺水推舟充分发挥(为什么要带着吊牌?如果没有了吊牌,她可能会觉得这是别的女人使用过的,对你产生误会)……只要你能花点儿心思去设计去铺垫,她一定能相应地有所作为,没准会给你带来意想不到的惊喜呢。

除了制造"巧合",男人还需要学会"偷懒"。因为,女人更加了解自己,她知道怎么让自己获得满足,男人该放手的时候就应该放手。

很多男人把让女人获得满足作为衡量自己能力的标杆,因此,会不遗余力、勤勤恳恳地努力耕耘。但是,相比你自己,女人更加了解自己的需求和敏感点,当你满头大汗地在她身上苦心钻研却不得其法,会为此烦恼不已。奉劝你一句,还是别太强求自己根本不擅长或无法轻易做到的事情。

其实,有点儿经验的女人都知道如何让自己更好地获得满足,她只是不敢告诉你。也许是怕你以为她在嘲笑你拙劣的技巧,或许是怕让你的自尊心受损,也许是怕你知道曾经有别的男人满足过她的往事,让你心生醋意。总之,怎么对她更好,她心中有数,你与其自己苦苦探索,不如放手交给她主导。

如果你不想让她继续沉默下去，继续看着你像没头苍蝇一样瞎冲乱撞，继续让自己做着没有收获的付出，就该放下那些不必要的自尊心，拿出点向她学习的诚意来，表现出你十分在意她的感受，让她打消原来的顾虑，与你坦诚地交流，这对提升你们的亲密关系大有好处。

说这些话很破坏气氛

亲密的两个人之间相处,气氛很重要。而最可怕的是,两人正处于浪漫的氛围中,其中一个人忽然说了不和谐的话,破坏了原本浪漫温馨的气氛。尤其当两个人正在亲热的时候,这种打破气氛的行为,简直就是"灾难"。

"我正沉浸在无比浪漫、愉悦的体验中,他忽然怼了我一句'你是不是没有洗脚,怎么有点儿臭',让我好尴尬,瞬间没有了兴致。我想问,是不是只有我有这样的男友,其他人有同款吗?"有一位粉丝在微博私信里说道。自己的男友真是破坏气氛的"高手",总是不知道什么该说,什么不该说。

研究表明,亲热时两个人若是能聊聊天,交流一下自己在亲密方面的积极欲望和美好感受,非常有助于提升亲密质量,让双方获得合二为一的体验。然而,无法把握时机说出合乎当时情形的话题,反而影响了亲热的正常进行,使美好的情绪受阻,适得其反地让有滋有味的亲密就此失去味道。有很多话,是不能随便在亲热时说的,需要加以注意。

1. 无关亲热的话语，会让她的思绪抽离

如果在亲热的时候，忽然聊起了家里的琐碎事，或者是需要动脑筋的工作，又或是其他不相干的事情，虽然那些话不会让她生气，但会使其无法完全集中精力于酝酿情绪和感受氛围，从而大大降低亲密的质量。

尤其是在女人正满脸愉悦的时候，忽然说一些无关的话题，也是女人最反感的事情。前面讲到，女人获得满足本就如逆水行舟，不进则退，若是在最关键的时刻受到干扰而分心，原本即将到来的满足便会消失不见。在这千钧一发之际，你最好安安静静地，别去打扰她享受这美妙的时刻。

因此，诸如明天吃什么、孩子的学习成绩如何、哪家超市有促销、周末需不需要加班之类的话，还是不要拿到此刻来聊。

2. 频繁追问对方的感受，让人反感

虽然，女人希望男人在亲热的时候温柔体贴，表现出在意女人的感受，但若是温柔过头了，就成了絮叨。

有些男人会经常在亲热时一遍遍询问"你喜不喜欢这种姿势？这样会比较舒服一点儿吗？你感觉怎么样？"这样刻意的问题，女人非但不会感受你的体贴，反而会产生逆反情绪，甚至，她会认为你不断追问其感受的行为，是一种自恋的表现。此时此刻，她宁愿你闭上嘴巴，专心地做好该做的事，少在嘴皮子上表现你的温柔体贴和能力过人。

大多数女人希望自己的伴侣能为自己制造浪漫的氛围，并且，能够和自己一起全身心地投入进去，不想中途被打扰。如果外界没有打扰，反而是你自己打破了气氛，那就太得不偿失，也太愚蠢了。在这个"神圣"的时刻，一切都要往后排，一切乱七八糟的话，都留到结束以后再说。而如果想要知道对方的感受，可以通过她的身体语言和微表情来了解对方的意见和需求，而不是变成让人讨厌的《十万个为什么》的目录。

为何难以全情投入

每个男人都希望女人能够专心致志地享受自己带给她的快乐,但事实往往不尽如人意,当你正在激情澎湃、蠢蠢欲动时,她却突然变得心不在焉、兴致全无。这种深受伤害的感觉,无异于在你努力地做出了一桌美味的饭菜之后,她却随意尝了几口,就不加评价地转身走了。

虽然对方一开始热情如火,你也是极尽所能地努力挑逗她,但这不意味着你们就能尽情地享受性爱。有些喜欢被亲吻、被爱抚的女人,却不一定愿意接受更为深入的关系。都说女人心海底针,女人的需求也像天气一般,很难猜测。但研究发现,在亲热时,某些因素对女性影响较大,男人懂得这些就可以合理应对,化解尴尬。

1. 外界干扰,加剧她的不安感

电视机的声响、手机铃声、隔壁装修声、从门口经过的脚步声……都是影响亲密质量的隐患。如果她把自己的听觉注意力集中到感受外界的声响使自己的不安感加剧上,就难以将这部分注意力用在感受你的甜言蜜语和她的感受之上,就会离获得满足感的道路越来越远。因此,在亲热之前,一定要营造一个安全的环境,不要让外界的因素干扰到这美好的事情。

2. 不舒适的气温让她分心

调查发现,在室温低于18℃或者高于28℃时,女人拒绝亲密的频率就会变得很高,这证明了室内温度对女人的影响颇深。室温太高时,我们都难免心生烦躁,室温太低时,我们又会感到焦虑和紧张,这些情绪都不利于保持一个高度集中的精神状态。因此,亲热之前一定要注意调整室温哦。

3. 自卑产生焦虑使其分心

担心自己身材不好,无法使你感到满意,这是女人在面对亲热时的常见压力。压力的愈演愈烈加深了她的性焦虑程度,她把心思都用在了担忧上,哪还会有自信去迎合你、取悦你、配合你、享受你的付出呢?此时,你要适当地赞美她,让她增强自信,全身心投入。

4. 赞美不当,让她胡思乱想

上面说了要通过适当的赞美来增强女人的自信,但是如果你的赞美不恰当,反而会让她乱想。例如,明明她比较丰满,你却赞美她的"水蛇腰",这会让她感觉你在讽刺她。

另外,倘若你说出的是千篇一律的绵绵情话,也达不到让她更加愉悦的效果,甚至会让她觉得你只是在敷衍应付而已,从而让女人没有了继续亲密的兴趣。所以,赞美也需要技术,夸人也是一门学问,多用点心吧。

5. 老想着取悦你,压制了自己的需求

当一个女人总想着取悦你、给你带来好印象,她们就会一边想要好好表现、极尽挑逗之能,一边却又担心对方会说自己"不自重"。责任感变成了矛盾感时,她就容易降低自己的需求感,从而抑制自己的反应和感受能力,无法真正专心地享受亲密的滋味。此时,你要引导她多关

注自己的需求和反应,不要有太大的责任感和压力感。

6. 担心意外随时发生

安全的亲密行为能给人带来愉悦,可以让人专心致志地享受快感,能让人淋漓尽致地发挥出自身实力。但如果亲密变成了不安全的、可能会承担怀孕或生病后果的行为,就会让女人产生明显的抵触情绪,即便是勉强应付,也不会从中感受到快乐和满足。所以,安全措施一定要做好啊。

7. 不适感和疼痛感

并不是每个人每次都能从亲密中获得愉悦的感觉,有人可能感受到的是不适和疼痛,也正因如此,不少经验缺乏、知识缺乏的女人都坚信"性不但不浪漫,甚至会带来痛苦,很多身体不适或疾病是性爱引起的"。原本美好的行为,让人产生了误解,带着惧怕和抗拒的情绪去亲热,自然不会有圆满、愉悦的体验,也产生了恶性循环。

所以,如果在亲热时发现对方有不适感,一定要解决之后再进行,如果解决不了,就停止吧。不要让这次的不适成为以后的阴影。

8. 心有牵挂地例行公事

如果此时的她,心里正牵挂着别的事情,如何能专心地享受快乐滋味呢?当该去幼儿园接孩子了、该去刷碗了、该去洗衣服了、该去辅导孩子写作业了、该去准备明天上午的会议资料了等事情需要她去操办时,此刻的她并不能放松精神去享受快乐,反而会急于逃离,把亲热当成例行公事。所以,如果你想亲热,一定要确定爱人心无牵挂,不要因一时之急而草率行事。

有人说,本能的活跃是专心致志地亲热的必要条件。而想让本能活跃,首先需要你为她营造出舒适、安全的性爱氛围,以免外界干扰损害了她原本想要全身心投入到亲热中的决心。然后需要你对她给予正面的评价及鼓励，重视情感的交流，用小小的赞美消除她的各种担忧，用"你让我感觉很棒"代替"这让我感觉很棒"，提升她对自己的信心，让她能够尽情地释放本能，享受亲密的极致体验。

　　克服女人不专心的问题可能是一个较为漫长的过程，因为环境因素虽然容易改变，但她那根深蒂固的观念和习惯不会被轻易改变。当她表现出三心二意的时候，你需要有足够的包容性，不能轻易地跟她吵架怄气，要做好打持久战的准备，相信你们的亲密关系会越来越好。

女人最爱男人身体哪几个部分

"哇,那个男人的身材好棒,你看那倒三角!"

"男神秀胸肌了,好帅啊!"

"这个男人的背很宽厚,一看就很有安全感!"

正如男人喜欢讨论女人的身体一样,女人也喜欢讨论男人的身体,尤其对某些部位特别关注。那么,女人到底对男人的哪些部位情有独钟呢?

1. 结实的肩膀

如果男人的肩膀比女人自己的还要窄、还要单薄,这会让他显得弱不禁风,非常缺乏男子气概。在女人的潜意识中,男人的肩膀是用来扛起生活的重担的,若是长得不够强壮,那就会给人一种靠不住、信不过的羸弱之态。女人喜欢长着结实肩膀的男人,这意味着他的怀抱会更加宽广,拥抱会更加有力而温暖。

2. 宽广的后背

宽广的后背是塑造男人"V"字躯干的必备条件,也是能够将女人背负起来的基本条件之一。宽广的后背会让女人感觉像是抱着一棵参天大树，而不是像抱着一根电线杆，这种拥抱的感觉更加贴合、舒适。尤其是亲热时，女人都喜欢抱着男人的后背，享受那种被压着的娇弱之感，如果这个男人的后背是纤细的，女人就难以充分体验到男人的强势带给自己的愉悦。

3. 壮硕的胸肌

男人关注女人的乳房，女人关注男人的胸肌，这是一种审美角度的礼尚往来。大多数女人之所以会喜欢胸肌发达的男人，是因为采取传统体位亲热时，男人的胸部正对着女人的眼睛，女人就很容易在潜意识里将男人的胸部与性联系起来。

4. 强壮的前臂

男人的手臂是力量的象征。女人喜欢被有力量的男人征服，这样她才会体会到安全感和被保护的感觉。

5. 清晰的腹肌

没有女人喜欢大腹便便的男人，他们给人的感觉往往是不运动、不注重自身形象、虚胖无力、行动不便、耐力不持久，所以大腹便便有时候也与能力不强同义。拥有清晰的腹肌的男人，下半身的力量感和持久度都非常不错，这正是女人所渴求的。

6. 紧实的臀部

臀部线条优美的男人往往会受到女人的青睐，因为男人在进行亲热时产生直接的冲力正是来自臀肌。女人通过观察男人的臀部形状能知晓他有没有经常进行使用臀部的运动，不管那些运动是否与亲密相关，被锻炼成紧实触感的臀部总是能让亲密变得更加冲劲十足、激情澎湃。

"虎妻"出没！

俗话说，"三十如狼，四十如虎"，三四十岁之后的女人，再一次迎来了需求高峰期，而男人在此时逐渐呈现出减弱的趋势。对男人而言，这个时候在亲热之时多数都是被动的。虽然，在亲热中能够采取主动的女人性感撩人，但女人过于强盛的需求只是一种甜蜜的负担，拒绝可能会引起她的不满，勉强自己却又心有余而力不足，真是令人左右为难。

当家有"虎妻"时，男人应该如何应对才可以既保护了自己的小身板，又让妻子得偿所愿，实现夫妻感情的双赢呢？

首先，男人们要弄清楚女人此时的"如狼似虎"是基于何种心理。

当下班回到家后的你遇到了热情如火地主动求爱的她时，先不要急着拒绝或是接受，你该多想想她这般如饥似渴的真实动机是什么。当男人事业有成，工作越来越忙碌时，女人的不安全感就会加剧，并且将夫妻生活中的热情与积极变成重获内心安全感的一种外在体现。一次次地主动出击，用大费精力的行动来验证你对她的爱是否依然如前。

此时，用爱的关注消除女人的不安全感，例如及时给予她想要的东西，不时送上一份小礼物，主动拥抱亲吻她，等等。那么，她借助性爱来弥补安全感缺失的情况就会变少。

排除了寻求安全感的因素，如果女人仍然表现出很强的需求，那便是真的生理需求。面对热情似火的伴侣，很多人选择借助外力重振雄风，以此来满足伴侣的强盛欲望。如果你打算在这个阶段服用各类壮阳药物来加强自身能力的话，我劝你还是少安毋躁为好。因为急着给自己"加油"，让饥渴的女人轻易地获得满足，等于是在给自己挖更深的坑。

药物其实只是治标不治本的东西，无法从根本上解决男人体力不足与女人需求旺盛之间的矛盾，努力迎合对方过多的需求，结果就是让她的需求泛滥成灾，越来越让你招架不住，这是一个恶性循环的过程。

此时，如果你有心无力，你大可不必怕丢面子而故作"坚强"，不妨巧妙地采用对话的方式告诉对方，最近工作与生活负担过重，自己的体力并没有她想象中的那么强。如果她真的在乎你，就会谅解你的不佳表现，并且克制自己过于频繁的需求，给你一个养精蓄锐的休养期，这才是让以后的亲密关系更加和谐的对策。

不能忽略的小细节

除了以上内容,一个女人对于亲密关系的态度,还可以通过很多小细节来表现。你可以仔细观察,以此来判断女人此时的情绪、需求,然后决定下一步怎么做。多了解女人的小细节,你就能多享受一份和谐。

1. 不愿意和你一起睡觉

"宝贝,我们一起上床睡觉吧!"

"你先睡吧,我还想看会儿电视。"

如果她总是将自己的睡眠时间安排到你上床睡觉之前,或者故意磨蹭到你呼呼大睡后,她可能并不是因为真的很困或很忙,而是因为她不想和你亲热,所以用拒绝一起睡觉来避免"两情相悦、干柴烈火"。

你该怎么办?与其非要拉着她一起上床睡觉满足自己的色心,倒不如在睡前与她谈论一些有助于点燃欲望的话题,好让她能很自然地、不加抵抗地进入预热状态。需要注意的是,千万不要传递出勉强对方的意思,不要给对方心理压力,这样才可以更加顺其自然。

2. 不想换姿势

"亲爱的，要不要换种姿势？"

"不用了，这个姿势挺好的。"

如果你的伴侣经常不愿意换姿势，她是真的非常喜欢这个体位带来的感受吗？或许事实根本不像你想的那样。她可能兴致不高，不想恋战。有些女人是非常聪明的，她知道哪种体位能让男人很快结束战斗。当她不想继续或非自愿亲热时，她就会让对方采取这个体位，而且坚持不换体位，以此来加速进程。

如果此时的亲密对她完全是例行公事的话，你就算在体位上变换出更多的花样，她也是一心求"射"。你该怎么办？或许你可以顺着她的意，尽快结束战斗；若是你并不希望草草收兵，最好的办法就是借助爱抚等技巧，让对方逐渐感受到亲密的美妙，这可能会让她再次富有激情。

3. 不想脱衣服

"宝贝，脱了衣服吧！"

"不要，这样犹抱琵琶半遮面多好。"

当女人全身心地投入到亲密行为之中时，她也会完全展示出自己的身体，虽然有时她也喜欢在半遮半掩的情况下享受那种刺激感，但若她总是拒绝脱光衣服，则透露出她的心思根本不在这里，她并不愿意同你彻底地结合。没有完全脱光衣服，有利于她快速起身去做别的事情，那件事可比和你在一起覆雨翻云要重要得多。

你该怎么办？此时，不要吝惜你的溢美之词，你需要赞美她的身材，激发她展示自己女性魅力的意愿。而这些赞美之词，都是有着"自动"脱衣功能的好工具。

所谓细节决定成败，多注意女人在亲密关系中的细节，可以让男人更加了解女人，从而更好地做出决定。男人要学会辩证分析，对于封闭欲望的女人，便应该去引导她；对于心情不好的女人，便应该去开导她；对于不将满足感寄希望在男人身上的女人，便应该去让她感受到你有能力给予她更好的感觉，比如甜蜜的爱、暖暖的感动、抛开杂念的放松等。

【温馨蜜语】女人们的爱，富有浪漫和情感，也带有控制、占有和依赖，了解女人心，才能更懂亲密的人。

第六章

心灵和身体：不和谐因素

任何一种快乐都不如肉体的爱来得更巨大、更强烈，但再没有什么比这更缺乏理性了。

亲密关系心理学

不近人情的要挟

亲密关系是一件男女双方共同获得欢愉的乐事，是共同的需求意愿相互达成的结果。但有些时候，亲密关系却并非这么完美，其中会夹杂着许多不快乐、不平等、不和谐。

对于女人来说，一言不合就"要挟"，似乎成了通病。比如，不买礼物不约会，不制造浪漫就甩脸色，动不动就提分手，不给彩礼不结婚，等等。甚至在发生最亲密行为的时候，男人也会受到"要挟"。

秦哥的女友年轻漂亮、温柔体贴，平日里两人总是如胶似漆，羡煞旁人。但是近来，秦哥却对女友开启了"控诉"模式。

"当我热情似火的时候，她总是会大提要求、大谈条件，要么是让我把厨房的碗都刷了，要么是她看中了什么衣服、包包、口红，非要买回来再说，甚至会提一些很过分的要求，一个不满意就不高兴，不但甩脸色，还冷战！"

秦哥很苦恼，为什么原本温柔体贴的她，会变得如此不近人情呢？他甚至怀疑，自己是否看错了人。

其实，这是女人想要"求关注"或"刷存在感"。一些女人希望通过亲热时来争取两性关系的主动权,她们认为自己的存在是男人得以满足的重要条件。一旦男人做出了让自己不满的举动,两个人产生了矛盾,她就会凭着一时兴起,把亲密关系作为取胜的筹码,对伴侣进行惩罚或要挟,直至实现自己的意愿为止。这也就使得很多女人动不动就以分手来说事。

而这种现象的发生,与两性关系的不平等性是息息相关的。男强女弱之时,弱势的女方就会试图通过各种方法来与男方抗衡,通过强调自己的存在价值来获得自己应有的尊重和地位;男弱女强之时,处于强者地位的女方始终都会持有轻视男方的看法,于是就会做出随意惩罚男方的举动,为了强化自己的地位,她们从来都不会让男方的需求被轻易地满足。

这种"要挟"的情况很常见,也可以理解,且多数时候,这些要求和惩罚都无伤大雅,很容易实现,甚至有些许撒娇的意味,有时候男人为了息事宁人确实会选择妥协。但话说回来,亲密既是双方的权利,也是义务,亲密关系中的生理和心理需求是人的本能,不该成为两性关系中的软肋。如果将亲密关系变成了满足个人私欲的手段,语气强硬地要对方完全服从,久而久之,则只会起到适得其反的效果。

而对于男人来说,他们通常不愿意把亲密关系作为商品或交换品,假如男人愿意为你做什么事,最好是出于自愿。男人需要得到社会、他人的尊重,更渴望得到女人的"宠爱"。被动地做事、被胁迫着做事会对男人的自尊造成伤害,还会影响自己在对方心中的形象,最后引起对方的反感情绪,弄得不欢而散。也正是因此,很多男人正如秦哥,开始怀疑自己当初的选择,这可不是好现象。

因此,无论是热恋中的小情侣,还是共同生活多年的老夫老妻,都不要经常采取这种要挟的手段来达到自己的目的。这会让感情降温,甚至让婚姻面临危机,其结果绝对不是你想要的。

两个人有了矛盾,需要心平气和地解决,产生了分歧,也可以就事论事地探讨。无论如何,都不应该让亲密关系无辜地遭受牵连,就像是小两口打架不能去砸邻居家的东西一样。真诚地交流才能解决问题，互相体谅才能化解矛盾，千万别把快速满足自己意愿的方法寄托于"弊大于利的要挟"。你可以直截了当地告诉他你的诉求，但不能把亲密关系作为与对方斗争、打压和惩罚对方的手段。

借口永远比理由多

安的老公是某食品公司的市场人员,经常需要出差外地,时间长短不一,有时个把星期,有时一两个月。每次老公出差,安都满心期待着爱人回归。不仅如此,长时间的分离,也让安有些患得患失。老公回来反应正常还好,一旦有所反常,她便开始疑神疑鬼。

但是,似乎怕什么来什么,有一次老公出差一个月,安准备了烛光晚餐为其接风,还颇费心思地换上了网购来的性感睡衣,期待着小别胜新婚的激情之夜。

但他回到家中的第一句话就是:"我困了,我先睡了。"

这就像是一盆冷水泼了过来,浇灭了安所有的热情和期待。她不明白,为什么面对热情如火的自己,对方却做出这么让人失望的举动。而此时,那些在肥皂剧中看到的"开小差儿"、劈腿等情节便开始在她脑海中上演。于是,两个人一言不合就开始了言语大战,最终,老公是出差回家了,安反而离家出走了。

或许很多人遇到过这样的情况,无论你如何循循善诱,他始终推三阻四,无论你如何苦口婆心,他依然兴致全无。他的理由、他的借口、他的冷漠不禁让人浮想联翩:他是不是有了别的女人?他所谓的"忙和累"只是随口编造的借口。

但此时,你很有可能是误会了他。

1. 男人也有"大姨夫"阶段

虽然在人们的意识里,男人都是下半身动物,在任何时候都能处于性唤起的准备状态。不过实际上,男人和女人"每个月都有那么几天"一样,也有着一段情绪低落、身体疲惫、需求减退的时期。此时,他会变得冷淡,对伴侣的热情回应不佳,给人一种敷衍的感觉。

而此时,你需要给对方留有一些个人空间,他需要一个轻松的、不被干扰的环境来静静地缓缓地释放自己的情绪,等他"复原"之后,他还是那个疼你爱你宠你的亲爱的。

2. 时机不对,最好择日再战

研究调查显示,46%的女性认为自己拒绝对方亲热仅仅是因为"他提得不是时候"。例如工作日的清晨,男人虽然正处于一柱擎天的情欲巅峰状态,或许会想趁热打铁地缠绵一番,但是女人的心思完全不在这件事上。她想的是做早饭、送孩子上学等一系列让人分身乏术的琐事,无法放松享受在这一时间的性爱,她的拒绝也确实是事出有因。

再例如半夜十一二点时,劳累了一天的男人正处于极度瞌睡的阶段,此时被对方推醒本就有些许不悦,若是想硬拉着完全不在状态的他温存一番,结果可想而知。

因此,亲热的时间最好安排在不繁忙的周末,或是晚上早点上床就寝,这样对方才有更充分的时间和精力回应你。

在日常生活中,无论男女,都可能会出现疲惫的时候,这个时候,会说一些言不由衷的话。而此时此刻,你或许会认为他/她很敷衍,甚至胡思乱想,影响自身的情绪和彼此的感情。但其实,只要互相理解,互相包容,设身处地为对方着想,就可以让亲密关系向积极的方向发展。愿你们的亲密关系中只有正当理由,没有伤害感情的借口。

我们为什么不接吻

最近一段时间，小千开始和老公闹离婚，原因却只是老公不愿意和自己接吻。老公觉得小千小题大做，面对老公这样的态度，小千更为恼火。

小千和老公结婚五年，感情虽说不上轰轰烈烈，但也相濡以沫，和所有普通夫妻一样，二人一直过着按部就班的生活。柴米油盐酱醋茶的生活倒也显得真实。

自从生完孩子以后，两个人的相处模式似乎改变不少，夫妻生活少了，也不像以前那样无话不谈。面对这样的情况，小千刚开始并没有在意，虽然夫妻生活变少，但两个人还时不时亲吻温存一下，吃过晚饭，依偎在沙发里看会儿电视，享受片刻的浪漫。但是最近半年，老公却连最基本的亲吻都不愿意给了。

哪怕小千主动靠近索吻，也会被老公面无表情地推开，还会被老公带上一句话拒绝："都老夫老妻了，肉不肉麻？"

女人毕竟还是矜持的，索吻被拒绝，不但内心难过，还会感觉自尊受到了伤害，从而陷入自我怀疑和怀疑对方的旋涡。

在一次索吻被拒绝之后，小千把老公的头扳过来，他又扭开，两个人如此较量了几个回合,最后,浪漫的气氛被打破,小千想亲吻的热乎劲也在他的拒绝中荡然无存。

小千被逼急了,直接质问:"为什么不和我接吻?结婚前你可不是这样的!你是不是不爱我了?!"

结果老公一副事不关己的样子:"老夫老妻了,又不是谈恋爱,别没事找事。"

小千感觉自己受到了严重打击,怒火喷涌而上,最终上升到了闹离婚的地步。

或许很多老夫老妻有这样的经历,一方热情索吻,另一方却兴致缺乏,无论男女,总有那么一个人,不再喜欢亲吻。柏林大学心理学家拉尔斯·哈根指出,人们普遍在婚后会减少自己对接吻的热情,不仅接吻次数随之减少,接吻的持续时间也由婚前的十秒钟减少到三秒钟。那么,在一起久了,男人和女人不喜欢接吻的原因究竟是什么呢?

接吻是一种既能满足亲密需要也能满足心理需要的情感表达,似乎是每段爱情开始的象征。在恋爱初期,男女双方经常会通过接吻来实现肌肤与肌肤的接触,建立起一种亲密依恋的感觉交流,同时也利用它来撩起各自的情欲,并将其作为尝试亲密的前奏。

对于男人来说,在他还没确定或感受到对方已经完全堕入情网,准备开展更为深入的关系时,他一般会通过由浅入深的行为去了解对方,试探对方的意愿。但在结婚之后,朝夕相对的两个人的亲密关系已经根深蒂固,对伴侣的了解也足够深入,接吻似乎就变得可有可无。甚至在夫妻亲热时,男人更倾向于选择较为直接的亲密方式,省略掉亲吻的步骤。

对于女人来说,柴米油盐的枯燥和生娃带娃的辛苦可能会是消耗她浪漫的"元凶",此时的她或许只有疲惫和第二天的烦心事,没有心思和精力去享受亲吻带来的亲密感。

还有另外一个最简单的原因,可能是洁癖。你有没有这样的经历,当你清晨睁开眼,想要给枕边人一个早安吻,结果对方却带着嫌弃的目光躲开。这是因为，经过一夜的"发酵"，人的口中或多或少有些异味，谁都不想通过这种方式品尝对方嘴里的口臭，嫌弃或者自卑的心态迫使着两个人的嘴唇能离多远就离多远。

但是，亲吻在亲密关系中占有极其重要的地位，尤其是对女人来说，拒绝接吻比拒绝做爱更让人绝望。女人对亲吻的热情是男人们想象不到的，她会用亲吻来验证两个人的亲密程度，用亲吻来考验对方的忠心，很多事情能在接吻的态度和方式上得以体现。倘若一个男人对于伴侣的索吻持有开放接受的态度并主动做出回应，她就会真切地感受双方之间的感情是安全的、牢靠的、热情不减的；若是一个男人拒绝与她接吻，采取的是回避、抗拒、嫌弃的态度，她会感受到一种比被拒绝做爱还来得强烈的绝望感，心中只有一个念头："他厌倦我了，他不爱我了，我对他再也没有吸引力了。"这样的想法一久，就可能造成像小千那样闹离婚的结果。

虽然有时候人们对亲吻的渴求欲望并不强烈，但可以通过条件反射训练来重建热情。正如身体部位的敏感度可以通过锻炼而被强化，接吻的习惯也能够通过条件反射训练来养成。例如，你可以清晨比他/她早起一会儿，先去洗漱，然后回到卧室，一边温柔地呼唤着对方的名字，一边把柔软的、温热的嘴唇贴上去，亲吻这个半睡半醒的，还不甚理智的人，让对方喜欢上这个被人需要、被人关爱的感觉。在对方上班出门之前，你可以在他/她的脸颊上或者额头上轻轻地吻一下，让对方喜欢上分别前的这个温馨举动。等对方习惯了你的主动亲吻，自然就会做出回应。

为什么男人最容易"性焦虑"

芳菲今年三十九岁，原本自己和老公的亲密生活一直都很和谐，但最近忽然怀疑老公"有病了"。

"不仅在床上表现得不如人意，到后来，只要一提到要过夫妻生活，他就全身冒汗，一副要死要活的样子，真是怀疑他患上了哪方面的疾病。"

而芳菲此话一出，在场竟然有好几个差不多年龄的女士表示自己老公也有过类似情况。

其中一个说："我还逼着老公去医院检查过，也没有查出个所以然，后来自己慢慢又好了。"

都说男人是充满情欲的，只要看到心仪的女人便会立刻想入非非，就如同太阳能电池看见日出时感受到能量在源源不断地注入一般，对亲密一事总是表现出精力十足和乐此不疲。然而，有些男人对亲密充满了恐惧、担心、焦虑、回避和抗拒，不愿意配合女方，即便是上了床，也难以获得最充足的快感，无形中影响了夫妻的和谐。

他们是怎么了？

其实，这些男人都患上了性焦虑，此时他们最怕女人说："你行不行啊?"亲热的时候,他们也会产生很多担忧,生怕自己表现不好,而越担忧就越表现不好。

下面,我们就来探讨下让男人出现性焦虑的几大原因。

1. 亲热时太多"责任"让他不堪重负

在女人眼中,男人既要懂浪漫、风情十足,又要会主动、掌握各种技巧;既要有耐心给她柔情似水的前戏,又要在性爱过程中冲劲十足;既要重视给她带来满足,又不能忘记了事后的温存抚慰……种种要求之下,男人的压力感十足,似乎肩上有无形的重担一样,焦虑的情绪会阻断兴趣和反应,对自己的期望值越高,越是处于害怕达不到预期的目标、不能让伴侣满意的焦虑之中,也就让人越是努力尝试,越不在状态,失败也越惨重。

2. 伴侣的毫无回应让他心里没底

在男人的内心深处,隐隐地有着一种不自信,对是否能够满足伴侣不自信,对自己的时间不自信,对自己的技巧不自信,这些不自信往往会在伴侣出现很强烈的反应时才能得以消除。而矜持的女人们,在亲热时却经常给不到他想要的反应。如果任凭他怎样大汗淋漓地努力讨好,对方却一直默不作声,表现出一种抗议、不满意或漫不经心,男人马上就会怀疑是不是自己做得不够好,继而胡思乱想,愈发没有自信心了。

此时,伴侣的积极回应是显示他"很行、很强"的一颗定心丸,会让他重获男性的自豪感和成就感。就算没有这些强烈的回应,男人也喜欢听到几句鼓励、赞美的言语,这会让他们轻松很多。

3. 伴侣的唠叨浇灭了欲望

"家里家外都是我在操劳,你真没用""我同事老公每月赚的钱是你的两倍"这些女人习惯性地说出的唠叨话,若是在饭桌上被男人听到,他可能会左耳进右耳出,毫不在意,但若是在二人激情澎湃之时突然扯上了这些无关话题，男人们的反应一定非常不好。原本一件放松身心的事情，现在却掺杂了许许多多的工作和生活的压力，怎能令人不头痛、不焦虑，还怎么集中精力投入呢？

美国一项男性研究发现，有三分之一的成年男性都存在性焦虑问题。而性焦虑并不可怕，只需根据引起性焦虑的原因进行针对性缓解，便可逐渐消除这个"不和谐"因素。因此，想要让男人在亲热时给你惊喜，就不要给他过多压力，让他能够毫无压力地享受。亲热的时候，女人主动一些、多说点称赞的话、积极恰当地回应对方、别谈论与亲密无关的话题，都会让男人状态满满。远离了性焦虑，他就找回了自己的实力。

亲密恐惧症，当夫妻生活只剩下了夫妻和生活

笔者在浏览网页的时候，看到这样一个问题：你们是结婚多久以后逐渐没有夫妻生活的？

翻看下方评论，竟然高达千条。有人说二十年，有人说十年，有人说五年，甚至有人说三年，各种答案，各种心塞。

当然，也有热恋或者新婚的人来"撒粮"：夫妻不过夫妻生活，那还过什么？然而，更多的人说结婚多年以后，夫妻生活往往只剩下夫妻和生活。

三十六岁的笑笑结婚已有八年，她却表示，自己快五年没有夫妻生活了。在这个年纪，别人都处于"如狼似虎"的状态，笑笑却感觉自己都要六根清净，对夫妻生活没兴趣和期待了。

笑笑说，从生完二胎以后，自己的身材一直没恢复，胸部下垂，赘肉横生，有时候，自己都不愿意看到自己，更何况是丈夫。因此，丈夫不再像以前一样对"夫妻生活"抱有热情，她能理解，可还是会心痛。以后的几年，两人好像是有了某种默契，谁都不提过"夫妻生活"。

有同样感受的还有四十岁的叶姐，她直接表示，人到中年，夫妻生活简直就是一种奢侈。

自从丈夫被分配去外地后,夫妻俩偶尔才能团聚一次,久而久之感情变得越来越淡,两人的相处模式,更像是亲人,有时候过夫妻生活,反倒会生出许多尴尬。

结婚多年的夫妻,只剩下夫妻和生活,其实无论是丈夫还是妻子,心里都不是滋味。但是想要重新拾起这份亲密,却又有着诸多的顾虑和担忧,甚至一想起与对方进行亲密行为,就会产生排斥心理。这种现象心理学上称之为亲密恐惧症。那么,亲密恐惧症是如何形成的呢?

1. 模式化的亲热=枯燥的家务

"摸着老婆的手,好像左手拉右手",用这句话来形容结婚多年的夫妻再合适不过。当热恋的时候,恨不得天天都能享受亲热的快乐和激情。卿卿我我的浪漫、昏暗烛光下的晚餐、亲吻抚爱都是那么地让人情欲勃发,可是结婚之后,同样的事情却再也唤不起心中的那份激情了。

从心理学的角度看,这都是感觉适应在起着关键作用,感觉适应是我们的感受性在外界持续刺激的作用下发生变化的结果。比如,即使再动听的歌,如果连续地听上一个星期,也会让人觉得厌烦;再好吃的红烧肉,如果顿顿吃,也会让人反胃;在反复触摸同一身体部位后再去触摸时,原本的新鲜感和刺激强度都会大大减弱,让人无动于衷。

而夫妻之间的亲密模式是年复一年、日复一日地重复着的,亲热的时候,永远是同一张床上、同样的枕头、同样的姿势,千篇一律的老调重弹就像是枯燥无趣、波澜不惊的家务活一样,会使夫妻间产生审美疲劳,美感和兴致会一起消失殆尽。

2. 亲情取代了爱情,亲热就显得尴尬

在长久的婚姻生活中,双方都会对伴侣产生一种类似父母兄妹之爱的感情,一旦这种亲情根深蒂固地成为夫妻之间的相处之道,它就会将爱情取而代之。没有了爱情的夫妻俩在亲热时多多少少都会产生一些尴

尬之感，让人提不起兴致来。

3. 岁月总是催人老，心有余而力不足

当一个男人四十岁之后，花在刮胡子上的时间要远远多于亲热的时间，这就足以说明他的体质已经不如从前，为了不想表现不佳、遭到埋怨，他们就开始回避、放弃自己的夫妻生活。

其实，适当的夫妻生活可以调节感情，让彼此关系越来越融洽。而想要克服亲密恐惧症，重新找回当初那种兴奋和热衷，重建正常的夫妻关系，可以试试以下几种方法，它们都有助于唤起你的热情。

1."玩个游戏"

"游戏"这种创新性的调适方法可以帮助我们克服夫妻之间的厌倦心理，特别是对于那些结婚多年的夫妻，通过游戏的方式得以充实的亲密，往往会让双方都收到意想不到的效果。在进行"游戏"时，请务必记住下面的忠告：以双方都能接受并彼此都感到愉快为度，以有益身心为基本出发点；充分考虑到伴侣的道德观念和性观念，不要将自己的想法强加于人。

2.重新找回恋爱时的感觉

两个人的感情总归会有起起落落的变化，假如你善于在感情处于低潮时重新与对方一起找回恋爱时的感觉，利用一起买菜、做家务、逛街、郊游、看电影的机会来重新认识对方，挖掘对方的闪光点，那么便可能重燃当初的激情，获得更多的快乐。

3.让自己性感起来

审美疲劳之后，寻找其他的目标并不是解决之道，你完全可以多花些心思，一起与伴侣寻找下各自身上尚未被发觉的吸引力。比如，女人可以通过外在装扮和行为，让自己性感起来。性感的源泉往往来自那

些细枝末节，比如撩动头发的姿势、闪烁诱人的眼神、轻轻嚅动的嘴唇等。

而对于男人来说，也应该努力提升自己的审美观，试着用自己的喜好去打扮老婆，只要你善于发现和感知，懂得如何赞美她身上的非传统性感，不仅可以让自己感受到对方身上的不一样，也能讨得她的欢心。

深夜里的沉默

知乎上有一位网友分享了自己和伴侣的"沉默式"亲热。他说,自己和老婆是经熟人介绍认识的,因为性格相投,两人一见如故,没过多久便顺其自然地订婚,结婚,自然,亲密生活也必不可少。

然而,与平时的相谈甚欢不同,他们在亲热的时候,却异常沉默。除了身体碰撞的声音和呼吸的声音,两个人几乎一句话也没有说过,就连情不自禁的叫床声也没有。

他形容,身下的爱人就像是柔软的布娃娃,任由摆弄,不出声响,不做反应,而他此时的表现就像是在操作一部机器似的,动作娴熟却不带有丝毫感情。

刚开始,他觉得她是害羞的缘故,但是时间久了,他便觉得这种沉默变得有些奇怪,甚至有些诡异。有时候试着与她交谈,却得不到她的积极回应,这让他十分郁闷。她到底是害羞,还是冷淡,又或是对自己有什么不满,亲密生活只是应付?

这位网友的经历其实不是个例,数百条的评论中,也有不少人表示自己的亲密生活,也是"此时无声胜有声"。那么,这种沉默是如何形成的呢?

男人的想法：目标要比过程更重要，请不要让我分心

研究表明，男人一般在亲热时都不太喜欢与对方过多交谈，这是因为此时大脑右半球的行为中枢正在高速运转，以至于语言功能处于半休眠状态。如果让他没话找话地与你交谈，很可能会分散他的激情，为了更好地表现自己的能力，他宁愿保持沉默。

另外，很多男人的目的性较强，在社会化过程中，男人们都好像绷紧的弦、运转很好的机器，他们所受到的教育总是为着目标去努力、努力、再努力，他们的追求就是实现目标后获得成就、成就、还是成就。目标感，对男人来说十分重要，不够清晰的奋斗目标会让他们感到不自在和焦虑。于是很多男人把这种处世态度带到了性爱之中，将高潮视作亲密的唯一目标，并把事前爱抚和床上的交流互动看成是毫无价值的负担。

女人的想法：千万不能失态

矜持的女人还是会认为大声呻吟和亲热时的"你一言我一语"只有爱情动作片里才有，而一个"好女人"就应该静静地享受亲热，所以她们非常害怕在亲热的过程中会出现举止失态，让自己的端庄、文雅和自重的形象受损。因此，每次都不愿放开一切享受快乐的感觉，而是拼命抑制自己的反应，努力压制自己的声音。

其实，亲密应该是表达、释放情绪的时候，想叫就叫出来，想说的时候就说，才能真正解放自己，让亲密生活更加和谐。

另外，别人的赞赏和认可是我们做事的动力之一。古典心理学研究表明，被漠视比被反对更让人难以忍受。若是男人汗流浃背地卖着力，女人却毫无反应、毫无声息，男人受到的认同程度低，无法获得满足感和优越感，便会觉得自己是一个失败者，那种沮丧感不亚于一个尽力表演的演员得不到观众的掌声时的感受。他甚至会妄自揣测：她是不是不喜欢和我亲密？她是不是不喜欢我了？是不是我的能力不行？……当男人把精力都花费在这些疑念上时，亲密对他而言不过就是为了发泄而已，他也就慢慢失去了继续战斗的兴致，做起事来当然也就不那么卖力了。

　　想要让亲密变得和谐，就必须努力去打破羞怯感造成的缄默和隔膜。呻吟声与疼痛、恐惧时的尖叫都是我们为了宣泄某种情绪而做出的本能反应，是正常的、无可厚非的。相反，强忍压抑反而不利于身体健康。自然的呻吟能为亲密焕发出更多的激情，适当的交流可以促进伴侣之间的心灵距离，同时，呼吸、表情、行动都可以表达出自己的快乐，让对方明白你的感受和需求。而当你说出"我感觉很好"时，自己的情绪也会愈发高涨，这就是"声音的再认识效果"。自己说出去的话，再传到自己的耳朵里，潜意识便更容易接受声音里的暗示信息。无论是身体还是心理，双方都可能获得更大的满足。

当爱消亡时，你会开始厌恶对方的身体

在我们听过的情感故事中，有很多人会说这么一句话：为什么他/她忽然变了？从前温柔似水，如今冷若冰霜；从前你侬我侬，如今相敬如宾；从前总是将爱挂在嘴边，如今却绝口不提；从前夜夜笙歌，如今却总是借口躲避亲密，碰都不愿意碰你……似乎在一瞬间，你才发现，原本那个亲密无间的爱人，已经离你很远，原本那些绵绵不绝的爱意，突然消亡。

其实，人不会突然变了，爱也不会突然消亡，他/她也不是突然不愿意碰你。在生活中，有很多不易察觉的因素，导致你们之间的爱意逐渐消失。而当支撑两人在一起的爱意消失殆尽的时候，对方的身体也不再有吸引力，而是变成了一种厌恶。

丹妮的经历就是一个典型的例子。经过八年的爱情长跑，丹妮和男友才走进婚姻殿堂。原本应该是甜蜜团圆地修成正果，然而婚后不久，丹妮"忽然"发现丈夫似乎像是变了一个人。曾经，他的嘴里都是甜言蜜语，制造各种浪漫；亲热的时候，他的双手曾经是那么温柔，夸奖着丹妮的好身材。而现在，每次亲热，都是丹妮在主动，丈夫显得十分的"懒惰"，脸上充满了不情愿和敷衍的表情。不知何时开始，他变得冷

漠、烦躁、不可理喻，甚至能做出亲热到一半就与丹妮吵上一架、摔门而出的事情。

在讲述这些的时候，丹妮一直在流泪，她觉得，自己付出了八年的青春，结果对方却在婚后突然改变态度，果然应了那句话，得到了就不珍惜了吗？

很多朋友在听到丹妮的讲述时，都纷纷指责丹妮丈夫的行为，甚至让丹妮注意对方是否有外遇。但作为两个人爱情长跑的见证者，笔者明白，两个人走到这一步，并非是丹妮口中所说，他忽然变了。

所谓"冰冻三尺，非一日之寒"，其实早在两人谈婚论嫁的时候，就因为各种琐事发生过分歧。例如彩礼问题、买房问题、婚礼问题等，两个人各自有不同的意见，但是丹妮以"我为你付出了八年青春""我这一辈子只结一次婚"为由，力排众议，所有的事项都坚持自己的想法。最终，丹妮的婚礼如愿举办，风光程度羡煞旁人；房子买在三环内，一百平方米以上；车子买的三十万以上的宝马系列，赚足了眼球……当丹妮醉心于享受眼前一切的时候，却没有注意到丈夫看自己的眼神已经越来越陌生。

除此之外，两个人的日常相处中也有大大小小的矛盾，彼此的缺点也暴露于面前。没有人能够每时每刻都表现自己最完美的形象，常年生活在一起的两个人，失去了热恋时的新鲜感和盲目劲儿，更是很容易将自己不完美的那一面完全暴露在伴侣面前，也就更容易眼尖地看到对方的不足。当对方的缺点越来越多时，爱就可能越来越少。

如果对方的优点少到不足以支撑心中的爱，那么就会出现如张爱玲所说的情况："当一个男人不再爱一个女人，她哭闹是错，静默也是错，活着呼吸是错，死了都是错。"深深爱你之时，看着你身上的一切都是那么美好，当这份爱消亡之时，你的一切都毫无价值。

两个人相处难免有些意外、摩擦、矛盾，此时，如果一方强压另一方，或者直接选择忽略和逃避，那么，势必对亲密关系造成伤害。最后，在发现对方亲热时的变化后，你才不得不思考：是感情淡了，所以"爱"得敷衍了？还是"爱"得腻了，所以热情减了？其实，想要让"爱"不变，最好的办法是日常点点滴滴中的防患于未然，而不是事后弥补。希望所有亲密的人，天长日久之后，对方的行为举止、眼神动作、一颦一笑都是那么的令人爱恋，而不是相看两相厌。

请先打开心结,再化解尴尬

两个人在亲热的时候,有时候会遇到一些"尴尬",例如,正在大汗淋漓地享受,忽然男方停止了,而这一停止,就是"一去不复返"。而这些"尴尬",可能会出现在任何一对亲密的伴侣中。这些不和谐的不期而至,让我们着急上火,而越是着急上火,这些"尴尬"出现的频率可能会更高。其实,这些"尴尬"的形成,不一定是因为生理疾病,更多是源于心理上的不良情绪。因此,想要化解"尴尬",首先要打开心结。

1. 纠正观念,放松身心

"尴尬"的出现往往是源于对性的畏惧和焦虑,通常是由于错误观念造成的,那些情绪会让人陷入踌躇不前之中,深深的内疚感束缚着人们,使人难以获得充分的松弛,而充分松弛的重要条件之一就是情绪的松弛。只有将这些错误观念一一纠正之后,你才不会把问题看得太过严重或紧张,才能给自己留出一些呼吸的空间来,才更加轻易地找回"性趣"。

千万不要认为男人的"能力"是一成不变的,指望自己每次都能招之即来，来之能战，战之能胜。因为男人在床上的表现往往会受到各种内因和外因的影响，比如情绪、激素水平、身体状况、人际关系、天气、地点，表现出因时、因地、因人而产生的差别，这些差别并不意味着性功能的失常。

千万不要认为男人应对发起亲密行为、指挥亲密过程负有全部责任。这种错误的想法会让男人给自己设定太多的目标，也带来更多的压力。依靠伴侣的配合和刺激，更容易产生刺激和亲密的冲动。就算男人的经验再丰富，也无法做到完全不依赖伴侣的配合，因为她的存在本身就是一种能够唤起亲密冲动的刺激。

千万不要认为女人的满足是和男人的持续时间长成正比的。若是你无法在亲热时以持久力激发伴侣的满足，那么就要懂得条条大路通罗马的道理，适当地增加前戏和后戏的时间，或者在亲热时尝试新的方式、添加新的成分，它们都有着让伴侣心满意足的效果。

千万不要认为自己应该持续"劳动"直到结束，那样做只会带来疲惫。我们爬山之时尚不需要一鼓作气地爬到峰顶，侧重于享受和增进双方感情的亲密行为也更是如此。

2. 不要苛求，学会顺其自然

很多人常常会因为太过于主观地看待亲热时的反应程度，纠结于高潮能否到来或如何到来，陷入对此事的刻意控制之中，并且容易被自己不好的感受所控制，无法全身心地投入到亲密的乐趣中来。

其实，冷静而客观地看待做爱的过程，把精力集中在体验触摸双方身体时的感受上，让身体反应顺其自然地发展下去，才能充分享受亲密的快乐。

3. 多一些迎合和鼓励，少一些责备和拒绝

让男人轻松快乐地看待亲密这回事，女人的态度至关重要。如果女人用猜疑、埋怨，或者讥笑的口吻来与男人说话，用尖锐的言语把他逼

到理屈词穷的地步，只会使男人的"尴尬"情况更加严重。而对男人给予充分而真挚的谅解、不失时机地去迎合和鼓励，配合他们缓解这种焦虑的情绪，才是找回和谐亲密的有效方法。

如果他表现不佳，就不要强求他去再次努力。两个人都需要休息一下，绝不可流露出任何焦虑，而应该在这段时间里利用其他方法来表达亲密关系。如果他愿意和你讨论性困难的问题，你需要让他知道你是爱他的并且满足于你们的现状，这种认可有利于重建男人的自信，但这种关于性困难的讨论没必要太过冗长或深入，否则只会让他胡思乱想。

如果他的表现尚可，你却没有达到满足，为了打消他那不必要的自责，你需要向他加以解释："我今天的心情不是很好，所以不在状态，对不起"或是"我今天实在太累了，没有完全投入其中"。当对方获得了不将失败归于内因的理由后，他的自信心才能逐渐地树立起来。

4. 太过性感不如间接刺激

若是女人在男人面前表现得格外性感，非但不能让他投入地正常发挥，反而会让他陷入更加紧张的情绪之中。因为面对你的性感，他感受到的是你那强烈的欲望，这与让他难以启齿的"尴尬"产生了鲜明的对比。当他先入为主地认为自己的能力无法满足伴侣的需求时，"尴尬"就会愈演愈烈。

此时，不如控制好你的性感，采取间接的刺激方式，或许会更有效一些。比如穿得稍微迷人一点儿，说话时低声细语并贴近他的耳朵，随着他的节奏摆动身体，发出幸福的低吟或轻轻地拍他的肩来表达自己的喜悦之情……这些间接的声色刺激能够让他心猿意马地忘却自己曾经的失败。对男人而言，女人那满足的表情和愉悦的声音就是最好的治疗药物和动力源泉。

几件小事

亲密关系想要达到极致的和谐,需要两个人的灵肉相依,想要拥有美妙的感受,就需要远离会引起不和谐的干扰和隐患。而生活中,总有一些小事会干扰到我们。下面,笔者贴心地为大家罗列一下那些需要注意的小事。

1. 少看点言情剧和色情片,回到现实

在浪漫的爱情故事中,一切都近乎完美和理想化,在色情片中,所有事情都没有限制,全部按照意愿实现。然而有些做法在现实中是不可能的,若是不小心沉迷其中,混淆了戏剧效果和真实生活,你会发现自己经常会把剧中人物当作现实中的参照,总是在对比男主角是如何如何的,你面前的他却怎样怎样,以至于对两性关系抱有不切实际的幻想和期待,结果只会是你不开心,他也不高兴,对伴侣的满意度都会降低。

2. 别放纵自己

一般而言,男人对女人身材的在意程度要远远大于女人对男人身材的在意程度。如果女人的外貌和身材都比伴侣更加优秀的话,男人会

欢欣喜悦，女人会信心满满，两个人才会更加情投意合、全力以赴地做爱。或许你坚信男人爱你就会爱你的全部甚至是你逐渐走形的身材，当曾经苗条的你变成了一个胖子，虽然他的确会依然爱你，但这种爱往往在进行身体接触时会变成些许迟疑和委婉拒绝，你们的感情依然很好，只是性生活不再像从前那么乐趣盎然了。

3. 对他/她多点耐心和关注

不管你们是相识半年，或是生活了半辈子，两个人的感情中时不时就会出现一些因为太过熟悉而导致的麻木感，看到对方往往难以提起兴趣。一旦亲密关系遇到了瓶颈，两个人不妨偶尔进入初次相识时的场景之中，以一颗对一切都持有好奇和关注的心来耐心地了解和理解对方。因为每个人都在不断变化和发展，今天的他或许与从前的他有些不同，他的口味变了、他的喜好变了、他的习惯变了，他对你的要求和期许也变了。此时你非常需要用新的眼光去认识他、容纳他，重新唤起两个人在亲热时的默契。

4. 远离手机

美国的一项网络调查显示，那些疯狂迷恋社交网络的人往往处于恋爱受阻或是感情生变的状态中，其伴侣关系是非常脆弱的。当眼睛一直盯着手机屏幕时，就难以看到伴侣眼神中的欲望之火；当手指一直在手机屏幕上滑动时，就难以抽出时间来爱抚伴侣；当心思一直在某个手机游戏上时，就难以认识到让两个人的关系升级比让游戏通关更有意义。你接触的电子产品越多，心情就会越浮躁，双方之间的心与心的直接交流就会变得越少且越困难。

5. 女强人们，在家里请低调一些吧

你知道著名的"奥斯卡魔咒"吗？能获得奥斯卡奖的女性无疑都是在事业上非常成功的女性，但是这些女性得奖者的爱情生活经常是一波

三折，家庭破裂的事例已经屡见不鲜。她们陷入这个魔咒的原因就在于男人是骄傲的动物，他们会因为女人的巨大成功而感到不舒服。不管你在外面多么地一呼百应风光无限，在家时还是请低调一些为好，保护男人的自尊心无疑是预防性事不合的重要原则。

6. 不做挑拨离间的小人

研究发现，在一个朋友圈子内，若是离婚夫妻所占的比例很大，那么其他夫妻之间的感情也会慢慢地出现问题。"感情破裂""性格不合""同床异梦"就像是病毒一般，很容易在朋友圈内传播，无形中增加了自己离婚的风险。当好朋友的婚姻出现危机时，千万别贸然地劝人家赶紧离婚获得解脱，一方面因为你或许并不知实情如何，可能在不知不觉中让自己成了挑拨离间、火上浇油的坏人；一方面因为"劝和不劝离"能够在自己的伴侣面前体现出你对于婚姻的态度，会让对方有一种安全感，在亲热时便可全情投入。慎重干预朋友的婚姻也是对自己婚姻的一种保护措施。

7. 不要总是板着脸

一脸的不情愿、一脸的不高兴、一脸的不感兴趣，绝对是迅速浇灭爱火和情欲的一盆冷水。当体内的欲望处于消沉状态时，不妨找点值得愉悦地微笑或开怀大笑的事情来做，比如时不时讲几个黄段子，开一些和亲密有关的玩笑。多一点儿笑声能引导积极情绪，减轻心理压力，是促进亲密的好办法。

8. 别做让人讨厌的怨妇

男人在亲热时很容易因为受到干扰而状态不佳，如果这些干扰是来自对方的话，那么就会增加他发挥失常的概率。男人讨厌生活中喋喋不休的女人，若是她在亲热时依然对男人横加指责、抱怨个不停的话，你也就别指望男人还有心思继续亲热了。无论此时男人的状态多么不好、动作多么笨拙，女人都不应该用尖锐的言语去刺激他，那些话说出口的时候很解气，但于事无补。女人的认可、夸奖和鼓励才是帮助男人进入状态乃至超常发挥的兴奋剂。

9. 家里的亲密用品别囤太多

精打细算的女人总是习惯买来成打的食品和卫生纸在家里囤货，这的确是会过日子的表现，但若是把安全套等亲密用品也成打买回家的话，却并非精明的女人所为。因为男人看到这么多的安全套后，很难不会想入非非："为什么要买这么多？她的欲望很强烈？我会不会难以满足她？她会不会找其他男人？……"如果你已经不小心买了很多安全套，那就把它们放到比较隐蔽的地方吧，别让它的存在给男人带来压力和焦虑。

【温馨蜜语】只有完美的亲密关系才能够让生活变得更加愉悦，不和谐的亲密关系，就像乱入乐章的琴弦，刺激着身体，冲击着心灵。

第七章

探求彼此迥异的情感嗜好

在达到享乐之后,任何一对恋人都可体验到一种莫名其妙的失望,并且会惊讶,他们如此热衷追求的,除性欲的满足外,竟再也得不到什么。

———

亲密关系心理学

吵架居然是前戏

笔者有一次去海南旅游的时候，隔壁住了一对小情侣，大晚上的时候开始吵架，因为听不真切，也不知道两人到底因何而吵、在吵什么。不过，两人吵架时间也没有太长，大概也就不到十分钟，之后两人的声音消失，但是取而代之的是床铺的吱吱呀呀声。不用想，也知道两人在做什么。

刚开始，笔者以为情侣之间偶尔拌嘴很正常，但是接下来的几天，两人几乎每天晚上都要"大吵一架"，之后却又"大干一场"。这让笔者不禁猜想，或许吵架对于他们来说，只不过是亲密之前一项类似于前戏的"例行活动"。

其实，这种将吵架当作前戏的现象并不少见，"打是亲、骂是爱"用来概括这种行为再合适不过。甚至前一刻两个人吵得越凶，下一秒在床上表现得越如狼似虎。说不清他们是为了做爱而找个理由吵架，还是为了发泄吵架时的怒气而去做爱，或是为了补偿自己的错误而讨好对方，总之，这种"床头吵架床尾和"的习惯，已经成为很多人维持亲密关系的模式。

那么，问题来了，吵架当"前戏"，真的好吗？会不会吵着吵着，感情就吵没了？

情侣间的"打骂"举动多是因为关系较为亲密，所以顾忌较少，可以直白地表达自己的情绪。但"打骂"行为并不是以爱为驱动力的，反而是"打骂"之后更容易借着积极或消极的结果而催生出爱。

大吵大闹的沟通方式虽然于解决实质问题完全没有帮助，不过却能在吵架的过程中使得双方的雄性激素迅速提升，当一个人处于情绪强烈起伏、感性压制了理性的状态中时，性冲动便很容易被激发出来。争吵之后，双方或是冰释前嫌、开怀大笑，或是一方示弱、懊悔倾诉，这时都是两人亲热的好时机。

那么，结婚以后呢？

纽约大学的婚姻关系学家与心理学家进行了一项相关研究，研究发现夫妻之间的相处之道如果过于礼貌谨慎，从来不吵架，反而会影响彼此的亲密程度，而那些喜欢打情骂俏，偶尔与对方因事发生点争执的夫妻的性生活却比较和谐。

有人说，吵架有辱斯文，不够优雅，其实，我们可以把亲密行为看作一种探索另一个人隐秘之处的冲动之举，想要顺利把冲动变成行动，就必须对最原始的欲望不加压制，暂时抛开理性、教条、规矩。而保持自己的优雅，与对方相敬如宾，言行小心谨慎则会压抑自己的情感，两个人都戴着伪善的面具生活时，激情便很难迸发出来。

另外，生活中总有摩擦，有些人不愿意吵架，但是喜欢冷战，其实这种方法更加伤害感情。所以，当你心中有话的时候，那就一起去卧室冲着对方大声说出自己的想法吧，也许他让你住嘴的方式就是送上重重的一吻呢。

但是，小吵怡情，大吵伤人。假如你们之间的矛盾并没有达到水火不容的地步，也没有必要争个你死我活，一定不要飙脏话或是恶意诋毁，不然你得到的绝不会是一个吻，可能是一记响亮的耳光。

吵架不是目的，亲密才是。不过，尽管发生矛盾冲突时，亲密行为为双方提供了一个解决问题的良好氛围，能让人暂时从针锋相对的场面中脱离出来，但是，性爱并不是一把万能钥匙，治标之后别忘了及时治本。

亲热结束，当初引发冲突的问题依然存在，今天可以不再提起，可说不定它又会在明天惹是生非，你不想了、不谈了，并不代表它彻底消亡了。平静之后，彼此找回了被爱的感觉，这种状态下的人更容易做出倾听对方、宽容让步的举动，此时是双方沟通的最佳机会，非常适合趁热打铁地彻底解决刚才的矛盾。如果你就是犯错的那个人，尽快承认错误才是上上策，你收获的将是谅解和更深邃的爱。

"动手动脚"中的乐趣

看情感小说的人会经常注意到这样的情节:男女主人公每次亲密之后,都会留下一身的"草莓",供第二天让朋友调侃,让情敌嫉妒。现实生活中,虽然不是人人都像小说中那么夸张,但也有部分人,有在对方身上留下痕迹的爱好。

小冰和男友就是这样,两个人亲密以后,总是会浑身"伤痕累累",有的是一排牙印儿清晰地印在肩膀上,有的是后背上布满红肿的抓痕,甚至大腿、胸部也有几处被捏得青紫的淤血痕迹。并且,通常主动去做这件事的人,不是男友,而是小冰本人。

"你到底是想做,还是不想做?又抓又咬的干什么?"有时候,男友会有些不满地问。

"当然想了,可就是忍不住想要动手动脚啊。"小冰也不明白自己为什么会这样,总有想在男友身上留下痕迹的冲动。

那么,像小冰这种在亲热时喜欢对别人动手动脚,带来附加伤害的人究竟是出于什么心理呢?

1. 变相地撒娇

都说女人撒起娇来温柔如水，然而眼前的这个女人却是温柔如热水，她的动作、她的神情似乎都"强硬"得完全和撒娇无关。但当她对你伸出魔手时，其实是在以变相撒娇的方式鼓励你做出回应，这一点儿可能连女人自己都没意识到。

她抓着你的后背把你往怀里拽，是在撒娇地说："把我抱紧一点儿吧。"

她把正在靠近的你往外推，是在撒娇地说："我们换个姿势好不好？"

她在你的肩头狠狠地咬上一口，是在撒娇地说："你也发出一点儿声音来让我听听吧。"

2. 证明彼此的亲密

女人会与闺密吐槽自己的糗事，男人与好兄弟聊在兴头上时也会往对方身上打几拳，这些行为都是两个亲密无间的人才能做出来的。在情侣身上胡作非为，不担心他/她会因此心存芥蒂的时候，恰恰就是觉得彼此已经足够亲密、好得像一个人的时候，也可以从侧面证明两个人的关系已经非常深入了。

3. 用行动说"我爱你"

男人很直接，女人很含蓄。当男人在亲热时突然加大力度或是增加动作幅度时，他们很可能是在表达自己需要对方给予更多刺激或是在暗示自己的爱意。而女人在亲热时常常害羞得无法直接把需求和爱意说出口，所以更倾向于使用抓、挠、咬、踢这些貌似攻击的行为来示爱。

4. 用"咬"你表示"要"你

汉语里的"咬"和"要"是同音的，每当她想到自己正在做出"咬"的行为时，没准潜意识里的"要"的欲望就被无限地放大增强了。于是欲望一上来的时候，就会把"咬你"作为"要你"的一种替代表达方式。

5. 宣示主权

在伴侣身上种"草莓"，等于在对方身体上盖下自己的专属印章，通常意味着一种主权的宣示："你是我的"。有些人还会特地把"草莓"种在显眼的地方，以此来表现出对伴侣的爱之深，也是对自己伴侣的一种占有欲。

不过，并不是所有抓、挠、咬、踢的举动都代表着撒娇、爱你、要你的意愿，如果伴侣的表情是娇羞的、微笑的、乐享其中的，那么就是一种爱你的表现，此时你需要用行动来满足对方的需求；但如果对方的表情是气愤的、怨恨的、拒人于千里之外的，那么，适时收手、解决问题，或许才是最佳决策。

他居然在衣柜里偷偷藏了一个"情人"

青青最近发现一件很"诡异"的事情,让她细思极恐。前几天,她在帮男朋友收拾房间时,竟然在大衣柜里发现了一个穿戴整齐的充气娃娃,而且充气娃娃穿的还是一条与男朋友上个月送给她的一模一样的连衣裙。

她不禁有些不解和嗔怒:明明有女朋友,一周至少两次的亲热行为,也很和谐,为什么还要在家里藏个"情人"呢?难道自己作为一个有血有肉、会说会笑的女人还满足不了他?想到每次两个人在亲密的时候,柜子里有一个和自己一样的"情人",她就觉得不舒服。

青青的经历引起女人们的热议,有人表示,自己男友虽然没有在家里藏"情人",但是被她发现有自慰的情况。说到底,性质是一样的。

男人自慰其实并不是秘密,大部分女人对此早已熟知并接受,这是他们"关爱"自己生理需要和心理需要的一种自娱自乐的方式。虽然只有极少数男人很少或从不自慰,但大多数的男人会在自己独处的时间里用自慰来宣泄欲望、排遣寂寞,因为这是最简单、最便捷的让男人更容易达到高潮、更没有负担的爱抚自己的方法。即使有了稳定的性伴侣或者结婚之后,他们也无法停止对于此事的热衷,只不过是当不当着伴侣的面做这件事罢了。

男人的"关爱自己"分两种：用手解决的属于温饱型，用器具解决的属于享受型。像青青男友那种，则属于后者。有人将男人用来自慰的那只手戏称为"五姑娘"，确实十分贴切，能利用自身条件自给自足是习惯于"犯懒"的男人的第一选择。不过那些在生活压力下仍然充满情趣的人和那些懂得利用外部条件享受生活的人则选择了器具，充气娃娃正是他们将追求视觉效果与享受实用性相结合的最佳选择。所以使用充气娃娃并不代表这个男人是一个"失败者"，反而证明他是一个于平凡之中仍然追求生活质量的人。

当女人觉得充气娃娃对男人而言是一个情人般的存在时，男人却觉得"她"只是一件本身并不涉及道德和伦理问题的玩具而已，并对女人的醋劲儿感到莫名其妙。

其实，女人完全没有必要把充气娃娃看作对自己地位的一种威胁，因为"她"根本无法与你相提并论。对正常男人来说，爱上这个无生命的橡胶制品的可能性简直是零，充气娃娃并不会影响两人正常的生活和感情。

尽管"她"不是两人的感情威胁，但"她"的出现，是对女人的一种提醒。如果女人依然像从前一样不注重两性关系的调适、无视亲密行为的重要性，那么曾经轰轰烈烈的爱最终也会成为一潭死水，这会让真正的其他情人有机可乘。

我们可以从正常的、积极的、有益的一面来看待"她"存在的必要性。想要让男人成为更好的爱人，最好的方法是让他们充分了解自己的反应并乐于针对各种技巧进行实践。充气娃娃会让男人对亲密行为充满兴趣，他们能够从中学习到如何控制自己的身体，知道哪些技巧是实用的、哪些技巧只是花架子，经过练习，男人在床上的表现很有可能变得更加出色，这会让你受益匪浅。

另类的幻想

有人形象地把性幻想称为心理"助兴剂"。适时恰当的性幻想可以引发性兴奋,甚至使人凭着空想就达到性高潮;平和舒缓的性幻想可以帮助那些有性困难的人克服焦虑情绪,更好地发挥出自己的能力;天马行空的性幻想可以转移做爱时的兴奋点,培养出崭新的性经验。

在性幻想面前,每个人的心理承受能力和主观反应程度也是千差万别的。有些人仅止于一般幻想,只要稍微幻想一下眼前有个性感美女在诱惑自己就能达到性兴奋点,同时会为不经意产生的一些无伤大雅的念头而深感不安。有些人不会满足于这些平淡无奇的幻想,只有那些非常规的或为社会所不接受的幻想内容才能帮助他们更加欲望勃发,我们称之为另类幻想,例如清晨的邻家女郎、年轻的女上司,甚至别人的妻子等。

A先生就是一个有着特殊幻想的人。可能深受经常被披露的"换妻游戏"的影响,如此具有挑战性和刺激性的事情难免让他浮想联翩,产生了一些有悖道德的性幻想。在他与妻子做爱时,这种想法便尤为强烈,于是,他忍不住告诉了妻子。

妻子嘴里骂他是变态,但并没有过于生气,似乎她并不抗拒在幻想中与其他人做爱，只是不喜欢自己的丈夫在一旁观看，并且这一想法是由丈夫提出来的吧。

其实，与伴侣交流性幻想是一件有利有弊的事情。一方面，你们之间的亲密关系会因为相互吐露心事、毫无保留地展示自己心里最隐秘的想法而变得更加紧密和牢靠；另一方面，那些不为伴侣接受和认同的性幻想则会使对方感到嫉妒、愤怒和反感，对你的人品和素养产生质疑。

如果你要与伴侣交流幻想，那么，首先要知道对方的底线在哪里。与一般幻想的人交流性幻想，最好知道他/她的底线在哪里，要学会隐藏好你的那些"不正常"的想法，否则原本交心的交谈很可能会适得其反。与具有另类幻想的人交流性幻想，你也需要有点儿想象力，不然对方会有种对牛弹琴的感觉。你可以跟着他/她一起开展互动式的性幻想，用幻想来回应对方的幻想，只要两个人都明白没必要把幻想的事情带入现实生活中，那么就算是再稀奇古怪的幻想也都是安全的、有益的。

但是，幻想终归是幻想，不能替代现实，也不能成为现实。有些人完全沉迷在性幻想中，并且将其当作亲密内容的重要组成部分，不经过刻意的幻想甚至无法勃起和获得高潮。长此以往，很容易使人混淆了幻想与现实，让病态的幻想影响到现实生活中自己的意愿和言行，继而不顾一切地要实现那些不切实际、会给别人带来伤害的幻想。

因此，一定要理智地辨别那些太过"变态"、有不正常倾向的性幻想，判断对方是否有要将其付诸实践的意愿。如果他/她的幻想和要求会给人的身心健康造成伤害，那就需要你态度明确、方式巧妙地加以拒绝了，必须让他知道这是不正确的想法和做法，同时也要注意将其往正常的、美好的性幻想上引导。

喜欢拍摄的人

米子是个爱自拍的女孩子,她的朋友圈都是自己靓丽的大头照,引得不少人频频点赞。然而最近,她却表示,自己快对镜头恐惧了。而这一切,则是源于她的男朋友。

米子的男友喜欢全程记录两人亲密的过程,把米子的性感照片和两人亲热过程录像,刻成光盘保存起来,按拍摄时间排序摆放,还会时不时地以旁观者的身份观看这些激情澎湃的影像,享受一种特殊的刺激感。

"这回能不能不要拍了?"米子经常小心翼翼地问男友。

可每次得到的回答都是:"我就是留着咱们自己看的,你担心什么?"

关于男女之间拍摄亲密视频的话题,日本一家网站曾做过一次调查,他们分别采访了二十至三十岁的若干女性,发现有16.5%的女生曾被男友拍过亲密小视频。归纳原因,主要有五个:1.为了留下纪念;2.为了增加情趣;3.让男友更高兴;4.男友擅自拍摄;5.勉强答应男友的要求。由此可见,拍摄亲密视频的大部分情况是因为男方。

当今社会，数码产品的泛滥致使拍过和没拍过性爱录像的人各占半壁江山，主动拍过的基本是男人，没主动拍过的基本是女人，这又一次用事实证明了男人是喜欢视觉刺激的动物。

那么，男人为什么这么喜欢拍摄亲密小视频呢？

1. 增加激情

对于男人而言，观看AV是满足性幻想的一种重要方式。对自拍性爱录像产生兴趣的男人多数都会在家里存有几张压箱底的AV光盘，平时做爱时已经对着屏幕效仿照搬了无数次。然而看别人表演终究不如亲自上阵来得刺激，观看AV终究不如自己拍AV来得真切，为了更好地唤起性兴奋，给亲密过程添加一些不一样的激情，多次享受视觉刺激带来的快感，他们毅然决然地拿起了相机或DV拍下最浓情蜜意的缠绵场面。

2. 追求摄影更高境界

在热衷于拍摄亲密视频的人群中，有很多是摄影爱好者和DV爱好者，他们熟悉各种器材性能与拍摄手法，当他们为了追求更高的境界，无法满足于拍摄普通的风景、人物、情节时，便会自然而然地挖掘出一切可供拍摄的东西，比如既新鲜又刺激的亲密过程。

3. 冒险精神

拍摄亲密视频也与男人的冒险精神有关。当他们处于一种可能被别人（摄录设备此时充当了一个"安全的旁观者"的角色）观看的场景之中时，就会产生出既紧张又兴奋的情绪。尤其是在非常私人化的亲密过程中，这种被偷窥感会带来刺激与亢奋，表现欲被激发出来后，男人们都能做出许多更为新奇的尝试和更卖力的举动，他们也能从中获取更大的愉悦。

虽然拍摄亲密录像可以强化自拍者的性兴奋和性愉悦，但是真的只是留给自己欣赏的吗？真的没有什么需要担心的吗？真的应该继续默许他的这种行为吗？

隐私本身就是一种不安全的因素，这些亲密视频不是能够万无一失地加以保管的国家机密，一旦不小心被其他人看到或是双方感情发生变故，这些饱含爱意的光盘就成了对方进行勒索、恐吓、打击、报复的筹码，给自身带来羞耻和难堪，还有不必要的麻烦。被极品前男友曝光亲密视频或照片的事例如今已经屡见不鲜了。当初那个许下海誓山盟，对自己呵护备至的男人不复存在，用恶毒的嘴脸和言行如此地伤害自己、出卖自己，任何一个女人都不会泰然处之的，必然会带来极大的心理阴影，甚至对亲密关系本身产生惧怕。

而且对于自拍者来说，这种癖好也非常容易让人上瘾，最终演变成当渴望获得性兴奋和性愉悦的时候，他们依赖的不是伴侣的挑逗和技巧，而是通过自拍来帮助自己达到亢奋的状态，一旦身边没有了拍摄设备，便很容易陷入性困难的尴尬境地。

因此，我们应该持有"小拍能怡情，大拍有危险"的认知，控制好自拍亲密视频的度。可以把它拍得不裸露、很唯美；可以只拍那些销魂的表情，而不是机械的动作；可以只在偶然的情况下拍一段，而不是拿着相机或DV上床；可以看过几遍后就彻底删除，而不是刻录下来放在容易被外人找到的地方。如果你不确定对方是否真的爱你，或是无法预知你们最后能否终成眷属，或是还不够了解他的人品，那就千万不要随着他的性子去做亲密视频里的女主角，爱他的同时一定要注意保护好自己。

传说中的"一夜七次郎"

"一夜七次郎",常被很多人用来形容男人的勇猛,可以多次作战,达到每晚七次。其中代表性人物有西班牙"情圣"唐璜[1],传说,唐璜睡前必吞吃五十粒生蚝,可周旋在无数贵族妇女之间。事实上,这可能是一些男性的过度性幻想。有性研究者称,真正的"一夜七次郎"是很难达到的任务,而只是外在形式的"一夜七次郎",却并不是女人们喜爱的"一夜七次郎"。

秦笙的男友是一位健身教练,他一向以身体强壮为骄傲。除了外在能看到的胸肌、腹肌、肱二头肌,外在看不到的能力,他会通过晚上的"努力"来证明。每次亲热,他至少要在秦笙的身上折腾好几次,只不过每次只有五分钟,而且还有头无尾,从来不射精,总是在最关键的时候抽身离去。

---

1 Don Juan,是西班牙家喻户晓的一名传说人物,以英俊潇洒及风流著称,一生中周旋无数贵族妇女之间,在文学作品中多被用作情圣的代名词。

就这样，秦笙被他一晚上折腾六七次，已经失去了原本的激情。男友还自认为自己堪比情圣，能力非凡。显然，男友对次数的兴趣大过对质量的兴趣。而秦笙觉得，这种半途而废的亲密，根本算不上是一次完整的性爱，两个人中至少要有一个人获得高潮才算是没白费力气。在她的眼中，男友根本就是一个徒有其表的流氓，她越来越厌倦这种浮光掠影、浅尝辄止的亲密行为了。

如果一个男人热衷于亲密行为，却对其带来的快感和高潮缺乏应有的兴趣，那绝对不是一件正常的事情。那么，究竟是什么原因，造就了这种所谓的"一夜七次郎"？

1. 性知识的缺乏

在他们的认知中，性能力的高低就在于次数的多少，却不知道质量才是衡量一次亲密的最重要标准。

2. 故意控制射精时间

很多男人想要让自己更加持久，实现双方的共同高潮，于是频繁采用各种能够延迟射精的方法，比如转移注意力、临时抽身等，可一旦养成这样的习惯，反而容易导致"想射都射不出来"的尴尬。

3. 过度自慰

当一个男人习惯了自慰时的强硬刺激后，两人亲热时的柔和刺激就会相形见绌，性兴奋阈的提高使得他无法达到射精的阈值。加之，精液虽然可以再次积蓄，但并不是能随取随用、取之不尽的，频繁自慰的结果就是亲热时体内没有足够的精液，也就无法完成射精了。

4. 注意力不集中

性快感是一种与注意力密切相关的主观体验，无法将注意力集中到能对性快感产生刺激的事物上，就容易造成没有性高潮、不射精。

合理的亲密生活对男女双方很有好处，但是一味追求次数，是一种病态的表现。研究显示，如果男人单纯追求亲密次数而不追求质量，其伴侣的满意度会降低，日久天长之后，双方对亲密行为的兴趣都会锐减，很容易导致感情破裂。另外，徒有其表的"一夜七次郎"不仅给伴侣带不来愉悦，还会给自己和伴侣带来很大的伤害。频繁的亲密行为，会加重男人的腰背劳损，诱发性功能障碍，还可能会引起伴侣隐私部位不适，诱发妇科疾病等。

所以，对于这些所谓的"一夜七次郎"，女人们要采取正确的方法去疏导他们的情绪，打开他们的心结，这是对双方都有好处的事情。唐突的质问和露骨的责备反而会加重他们的思想负担，让他们产生焦虑心理和内疚自责感，造成更严重的性困难。

第八章

让"爱"有余温

当我们毫无阻碍地便可获得性满足时,例如在古文明的衰落时期,爱便变得毫无价值,生命也呈现一片空虚。

——亲密关系心理学

男人的虎头蛇尾怎么解释

稍微留心一点儿的女人会发现,很多男人有个通病:前戏时,尽心尽力地调动女方的兴致,爱意绵绵,亲热时也全面到位,极力配合,可是一旦自己大功告成之后,态度立刻一百八十度大转弯,要么提起裤子玩电脑游戏,要么起身去洗澡,要么躺在床上刷手机、看电视、抽烟、打电话,甚至是翻身就昏昏睡去……

似乎完事之后,男人们连一句多余的话也不想说。就像是一根火柴,用力摩擦使之点燃,欢腾的火焰一瞬间驱散黑暗,最后灰烬了无痕迹地飘散在空中。那么,这种虎头蛇尾的现象正常吗?

其实,男人缺乏"后戏"这个概念,不管在东方还是西方都存在着,可以说是一个普遍现象。一项来自日本的调查发现,大约有40%的男人在亲密后对伴侣都没有继续温存下去的举动。一项来自美国的调查显示,亲密之后,有65%的男人此时已经饥肠辘辘了,他们会去找东西吃或是喝饮料,32%的男人会马上躺下调整自己的呼吸频率或是点燃一根烟,17%的男人很快便会昏昏睡去、进入梦乡,14%的男人会往厕所里跑,9%的男人立刻去洗掉一身的臭汗,还有2%的男人则准备开始再来一次。

那么问题来了,男人亲热时如此虎头蛇尾,到底是什么原因?热得快、冷得快,他们的心究竟是什么材质?

1. 快速恢复形象

每个人都有自己的性格和情绪,男人平日里一贯保持着一种高高在上、严肃正直的正面形象,他可能是内向的、含蓄的、不善言谈的,压抑着的温柔、激情和狂野只有在亲热的时候才能彻底地被表达出来。激情过后,男人必须尽快使自己恢复到一个男人的形象,所以他们判若两人的举动,可能是在重新控制自己的情绪而已。

2. 粗枝大叶,没有意识

男人的天性似乎就是粗枝大叶,做事往往出自个人的感受,有时候他们将自身在亲密过程中的愉悦与否看得很重要,至于女人是否也如他一般获得了快感和高潮体验,总是在思考范围之外。更何况是已经结束之后,他对伴侣的感受便更加忽略了。

在如今发达的网络中,关于"后戏"的讨论也颇具热度。

有不少男用户表示:"不是已经结束了吗?为什么还需要后戏?"

有人酸酸地说:"有前戏就不错了,还奢望什么后戏?不知足啊!"

但是,大部分女性用户还是表示,有时候,"后戏"对于女人更加重要。

男人刚刚还热情高涨,现在却缄默无言,突然没有了互动和温存,这种亲密前后判若两人的态度,正是让许多女人难以接受的。因为男女的快感发展趋向是不一致的,男人的曲线向下,女人的曲线则向上,男人在到达快感的顶峰之后获得的是轻松感,女人此时则久久不能平静下来,还处在兴奋状态之中。若是缺乏后戏,让女人孤独地躺在床上,自己等待着身体逐渐恢复平静,女人就会感觉自己像被使用过的工具一样被人遗弃,心中的失落、伤感、迷茫不言而喻,甚至会在内心打个问号:"他到底爱的是我的人,还是我的肉体?"

亲热的时候前戏不能忽略,后戏同样重要,只要在后戏上花点儿心思,就可以让亲密的效果更加温馨,伴侣之间的感情也会更融洽。男人们要从女人的角度去理解"后戏"这件事,这个矛盾也就比较容易化解了。

你知不知道这些话有多伤人

大兵前段时间完成了人生一件"天大"的事情：娶了苦苦追求了十年的女神。新婚正是如胶似漆、甜甜蜜蜜的时刻，本应春光满面的大兵却频频出现愁容，像是霜打的茄子——有点儿蔫了。

朋友们开玩笑地问："大兵，嫂子把你折腾得'精疲力尽'了？怎么一副无精打采的样子？"

大兵苦笑着说："何止是折腾，简直是攻击……"

"什么情况？"

"你们也知道，我当初喜欢我老婆就是因为她直爽的性格，刀子嘴豆腐心，可是最近我发现，有些话还是挺伤人的。"大兵摇摇头说，"尤其是床上那点儿事，一点儿不如意她就嘴上不饶人，我不要面子的吗？"

亲密之后，不管是男人还是女人，都会在心里偷偷地为对方打分，就像是看完一场电影后感慨良多一样。有时候话到嘴边，一不小心就和盘托出了，但这其中有些话是针尖蜂刺，自己却浑然不知，这些口无遮拦的抱怨只会对另一半造成伤害，在解决问题上丝毫没有帮助。看看你是否曾说过这样的话吧。

1. "你是不是性冷淡？！"

男人的心思不比女人细腻，通常是想到什么就说什么，比如，在亲热时看不到伴侣明显的反应，可能会口无遮拦地问出这样的问题：

"你一点儿感觉都没有吗？"

"你是不是性冷淡？"

"我都快要累死了，你怎么还没有高潮啊？"

男人对于自己说出的话也许没有什么感觉，但是，这样的话完全可能给女人造成很深的伤害，她们不会回答，只会反驳或生气。不经大脑的一句话，带来的可能是不欢而散，甚至还会影响下一次亲密的质量。因为她们可能会回想起男人的这些话，便很难全神贯注地去感受快感。如此循环往复的最终结果就是：女人关上了心门。不仅仅是对亲密的渴望之门，还有对男人的爱慕之门，更有对自己的怜惜之门。而因为一时不在状态或心情不好表现出来的"冷淡"，很有可能真的变成了这个女人的标签。到那时候，男人估计会悔不当初，痛恨从前自己拙劣的话语吧。

其实，绝大多数女人的身体是天生敏感的，她们并不是没有感觉，只要观念和方法正确，再迟钝的女人都能从中获得快感。我们姑且不说男人的性技巧需要多么高超才行、性知识需要多么博学才行，但只要懂得用心去体贴女人，即使没法让她享受到快感，至少也不会让她感觉到来自你的伤害吧。只要两个人的感情依然甜甜蜜蜜、心心相印，就有和谐的可能性。

2. "你都胖成什么样了！"

对亲热之后的女人来说，听到男人如此略带嫌弃地评价自己的身材，简直就像是美美地吃了一大口香甜的苹果，突然发现苹果里有条虫子一样，这种感觉是非常不自在的。

她当然知道自己最近体重直线上升，当然知道自己并不拥有男人喜欢的"S"形曲线，当然知道把一身赘肉毫无保留地展示给男人时会有多么忐忑不安。男人的这一句话只会让女人更加自卑，觉得自己已经不再被喜欢了，觉得光溜溜地做爱是一件让男人更加讨厌自己的事情。一旦对自己的身材不自信，女人就非常容易拒绝赤裸裸的亲密接触。

男人的指责原本是激励女人去减肥、去重塑身材，但太过直白的评价往往特别没有礼貌，让人觉得不受尊重，最后的结果反而是女人拒绝亲热。

与其在激情过后在女人头上泼冷水，倒不如什么也不说，做点实事。男人想让女人瘦下来，完全可以在日常生活中引导她节食、运动，有计划地作息。千万不要让女人觉得引导她减肥是为了让男人自己获得美妙的体验，而应该让她觉得"别人或许不会在意你胖了还是瘦了，但是对自己而言，这是一件有利于身体健康的、很有成就感的事情"。

3. "你真没用！"

面对刚开始没一分钟就一泻千里的男人，女人对激情亲密体验的期待也会化为乌有，男人的不争气会让女人自觉或不自觉地说出这样的话——"你真没用"。虽然她可能不是有意去打击男人的自信心和自尊心，但说出去的话就像泼出去的水，一出口便收不回来了。

对每一个男人而言，征服女人是他的成就感的来源之一。听到这样的指责，本就丧气万分的男人会作何感受？原本他心里还希望对方能加以理解和安慰，至少也应是默不作声、心知肚明地不了了之。若是能力被伴侣怀疑，这将会是他的奇耻大辱。尤其是对于一个表现不佳的男人而言，女人在责怪、斥骂方面的强势言行，很容易使他的性欲被压抑住。此时，他可能心里会想："与其做不好会挨骂，倒不如不做。"

男人原本只是一时不行，最后却在女人的抱怨声中变成了习惯性的不行。这不是危言耸听，现实生活中这方面的例子的确有很多。

亲密生活的完美与否，不是任何一方单独的责任。女人千万不要忽视男人脆弱的自尊，把一切失败的缘由都推到男人身上。男人也不要对女人横挑鼻子竖挑眼，亲热的时候，两个人需要的是鼓励和赞美，而不是指责和埋怨。想要让亲密生活更加和谐，就应该淡化他/她的缺点，发掘他/她的长处，让其向着好的方向去发展，反之，很可能会破罐子破摔。当然，如果亲密过程中对方让你有明显不好的感觉，也不能一味隐忍，该说还是要说出来，不过方法要恰当。

女人的"事后一根烟"

蒂娜和男友有过约定,激情过后,不许翻身就睡,也不许起身洗澡,总之,就是不许留对方在床上孤零零一个人。然而,蒂娜仍然对男友表示不满。

原因是,虽然男友没有翻身离去,但是总是在事后点燃一根烟,烟雾萦绕中,蒂娜看不清男友的表情,也不知道他在想什么。虽然男友人在身边,但蒂娜依然感觉到了孤独。

美国蓝调诗人曾说过,亲热之后,总会有一方抽烟的,因为他/她在回味刚才的激情。而通常情况下,抽这一根"事后烟"的会是男人。很多有吸烟习惯的男人会在亲热之后急忙翻找香烟,点燃一根,倚在床头,吞云吐雾地享受其中。

女人们发现,"事后烟"几乎成了这些男人亲密的标准流程,本应该继续享受温存和抚慰的后戏女主角,竟然被一根香烟代替了。对于自己满足后便自顾自地抽"事后烟"的男人,许多女人即使嘴上不说,内心也一定会顿感失落,有些不满。长此以往,女人很容易产生条件发射,看到香烟就觉得像是遇到了情敌,会认为男人不是真心爱自己,她不仅生理上得不到满足,在心理上也痛苦纠结。

为什么"事后烟"对男人如此重要,以至于可以忽略身边的爱人呢?经过研究,男人抽"事后烟"的原因一般可分为以下几个。

1. 习惯

从一方面来说,人都是习惯性的动物,张嘴就想说话,话说多了就想喝水。做爱时,这张嘴大口喘气、发出呻吟、说尽情话,完事后嘴里突然少了什么,的确让男人有点儿不自在,一根"事后烟"足以填补这种空虚。

从另一方面来说,大部分平均二十分钟就要夹根烟在手上的老烟枪,完事后的第一件事便是急不可耐地过足烟瘾,这是仅仅靠意志力难以控制得住的。如果对方是嗜烟如命的男人,女人大多会对这一行为加以理解并习以为常。

2. 回味

有句流行在男人口中的话:"事后一根烟,赛过活神仙。"对这些男人来说,吸烟是一件让人感觉很舒服很放松的事情,他们刚刚体验了淋漓畅快的高潮,可能还意犹未尽,所以用吸烟来延续这种美妙的感受,人生的两大乐事完美衔接,可谓是双重享受了。

3. 逃避

当男人不想面对自己为了肉体的性欲做了刚刚的不理智行为时,他们就会把"事后烟"当作一种逃避方式。"事后烟"确实可以让男人重拾理智,回归到日常的生活状态之中,但是否为了回避自己刚刚所做的一切,那就不可过于武断了。

其实,正如男人需要"事后烟"一样,女人也需要"事后一根烟"。然而,女人的"事后烟"不仅仅是抽烟,毕竟,一般情况下,女人是不抽烟的。她们需要的是伴侣在事后的继续温存,无论是拥抱还是轻抚,都是极佳的交流和升华感情的时机。

所以,男人们要抓住机会,不要只顾着享受自己的"事后一根烟",在此之前,请先关注一下伴侣的感受。与其自己抽一根孤独的香烟,不如和伴侣一起回味刚刚过去的激情瞬间。你或许会发现,比起"事后烟",和伴侣的"事后温存"更加令人享受。

酣畅之后，他/她最想做的事是什么

笔者曾经在贴吧上看到一个话题，在一次酣畅淋漓的亲热之后，你最想干什么？点开评论，沙发位置上写着：男人肯定最想睡觉了！继续翻看评论，发现答案各种各样。迎来了高潮，并不意味着亲密过程的结束，每个人酣畅之后，都会有内心最渴望的事情，而从这些不同的行为偏好中，我们可以看出其不同的心理特点。

1. 睡觉

提到睡觉，问题来了，男人一定比女人先睡着吗？答案是不一定。

人们过去普遍认为性爱之后，呼呼大睡一定是男人最想做的事情，而且他们肯定会比女人先睡着。对性生理的研究也印证了这一观点，男人的性兴奋来得快，达到性高潮也很快，其消退期更快。精力的大量集中消耗使得他们达到高潮后往往感到十分疲困，昏昏欲睡，因此，也就造成了男人事后倒头就睡的普遍现象。

不过最新调查发现，男女在性爱后的入睡速度并没有特别明显的差别，女人有时候还可能比男人更早睡着。而这些早睡着的人，往往是对亲密过程满意程度更高的那一方。如果你发现对方倒头就睡，别以为他/

她是故意冷落你,他/她没准是刚才实在太卖力、太舒服了,已经耗尽了所有的能量,只能休养生息。

2. 用实物奖赏自己

这种情况一般发生在男人身上。调查显示,男人在回答"亲热后你最希望做的事情"这个问题时,"吃块三明治""抽根烟""喝杯饮料"等选项答案被选中的频率最高,而这些行为都与食物和享受密不可分。

男人在获取愉悦之后,刚才被一直压制的性以外的欲望得以挣脱。这说明男人此时不仅需要补充消耗掉的体力,而且对实际性的奖赏和犒劳更为渴求,喜欢在精神享受和物质享受之间寻求利益最大化。

3. 不想说话

男人在亲密过程中多为耗费大量体力的主动角色,而且高潮的一瞬间,男人的肌肉会骤然紧张,然后再缓缓放松,不管是身体还是精神都会处于一个疲惫期。人在疲惫之时,既不想动也不想说话,若是此时已经体力透支的话,能强打精神和女人聊天的男人就更寥寥无几了。为了满足女人此刻强烈的交流欲望,男人只好惜字如金,用"嗯""是""对""好"来应和,两个人仿佛在说相声一般。

此时,男人可能并不是在敷衍着聊天,他们在脑海中没准也正消化着女人说的话,思绪万千,只是不愿意在嘴上把自己的想法费力地和盘托出而已。

4. 温暖的拥抱和爱抚

女人对于温柔爱抚的需求,往往超出男人的预想。男人们或许以为只要在亲热时给了对方快感和高潮就算是满足了女人,但事实上,女人想要的东西更多。她们希望与男人相拥而卧,蜷缩在他的臂膀里,肉体接触带来的满足与喜悦会让她们的感觉更好。

这时想要让女人深深地陶醉在亲密的幸福之中，男人需要做的便是用双手轻轻爱抚她的全身，或静静地拥抱着她。

5. 情感表达

对于女人来说，情感表达是事后最注重的事情之一。在亲密关系中，最遥远的距离莫过于躺在一张床上的男人急于呼呼大睡，而女人想要侃侃而谈。无论何时何地，精神上的交流对女人来说都意义非凡，她们不愿意把自己的性和爱切割开。

很多男人却感觉不到这一点儿，他们以为女人也会像男人一样，完事后能快速地从刚才情意绵绵的状态中脱离出来。实际上，女人的性反应比男人要慢得多，兴奋感也是慢慢消退，而不是眨眼消失。而且，很多女人更享受情感上的快乐，如果事后男人能在耳畔甜言蜜语，便可以深化这种快乐。

你能听出这些善意的谎言吗？

撒谎是生活中常见的现象，一般情况下，撒谎是让人反感的。但是有时候，善意的谎言却可以作为一种社交技巧，让我们变得更聪明，让事情变得更顺利。一项研究结果显示，人们日常交际中有25％的时间都是在撒谎中度过的，因此我们可以说："就算是那些最简单的人际交流，也饱含各种各样的'欺骗'。"

而对于恋爱中的男男女女，相互说谎似乎更是司空见惯。一项研究显示，恋人们的谈话中有三分之一都是谎言，夫妻们谈话中的谎言只剩下了10％。既然谎言已经遍布我们的生活，那么在亲热之后，对方说的话都是真话吗？你知道他/她对你说的话，哪些是善意的谎言吗？下面就来看看，那些男人和女人最常说的善意的谎言吧。

1. 我也很舒服

有一种男人常犯的错误，一番云雨之后他们总要追问女人："舒服吗？""达到高潮了吧？""我厉不厉害？"不用多说，大家都该明白，这种男人对自己是最没有信心的。不妨换位思考一下，如果你是一个女人，那傻瓜刚才已这么卖力了，能说不舒服吗？就算心里并不满意，顾及男人的面子，嘴里说出来的也只能是："嗯，我也很舒服。"

2. 你很棒

这种恭维对方的话，不只会出自女人的口中，别以为只有女人会假装高潮，男人有时候为了面子也会做类似的事情。当女人表现得积极主动的时候，男人即便感觉没有那么愉悦，也会假装从中获得了充足的快感。这种做法通常是为了取悦女人，让她有成就感。也是为了激励女人，赢得下一次让女人主动的机会。

3. 你是我的第二个男人

受到传统观念的影响，女人们通常不会主动向男人坦白自己的恋爱经历，她们希望自己在男人的眼中是冰清玉洁的、洁身自好的，过多的恋爱经验和性经历并不能作为她们以此炫耀的资本，也不会成为取悦眼前这个男人的武器。鉴于此，女人们通常不会冒着被男人鄙夷和伤及彼此感情的风险去一五一十地交代。而当男人问及自己是她第几个男人的时候，很多女人通常会以"第二个"作为标准答案。

4. 我最喜欢你的"微波粼粼"

都说男人对"波涛汹涌"的女人情有独钟，而事实是，平胸的女人却占了大多数。当平胸的女人和伴侣亲热的时候，可能会旁敲侧击地询问他是不是对有"胸器"的女人更有感觉。而此时，"求生欲"强的男人一定是趋利避害选一个最安全的答案："啊，不，我就喜欢你这样的'微波粼粼'。"

因为伴侣平胸是一个已经难以轻易改变的现实，此刻的他完全没有必要用实话去伤害对方，男人更不想与女人在胸部大小的话题上纠缠不清，给自己招惹麻烦。

5. 你一点儿也不胖

这句话可能未必完全是谎言,而是发自真心的评价。前面已经说过,比起骨感的女人,男人更愿意和摸起来手感更好的体形匀称的女人发生亲密关系。不过,也很有可能他是因为不想给你造成减肥的压力,才说了一个小小的善意谎言。一般情况下,男人并不在意女人现在是一百斤还是一百零二斤,只要你没有不受控制地变成一百五十斤,他们就会继续说着这个善意的谎言,以此来消除女人对于身材的危机感。

还记得郭冬临曾经在春晚演过一个小品《一句话的事》,说的就是善意谎言的故事。所谓一句话能成事,一句话能坏事,只要心中充满阳光,以对方感受为重,说一两句善意谎言,那便无可厚非。即便你看透了他/她的小谎言,也没必要动怒,不必计较,只要不是原则性问题,善意的谎言可以原谅,甚至值得感动。

请替对方穿衣

亲热之后,女人忽然对男人提出一个要求:"你能帮我把衣服穿上吗?"

男人显然愣了一下:"你不会自己穿吗?"

"衣服是你脱的,你得负责到底,帮我穿上。"女人以半撒娇半胁迫的口吻说着。

男人宠溺地笑了笑:"那你也得负责到底,也帮我把衣服穿上。"

女人笑着点点头,两人互相替对方穿上衣服,相视一笑,似乎感觉到了对方满满的爱意。

亲热之前,两个人都欲火焚身,主动帮对方脱掉衣服,这是常见的。但是亲热之后,主动帮对方穿上衣服的人,还是比较少的。最常见的画面就是两个人各穿各的衣服,又继续做自己的事情去了。这样的亲密关系难免给人以不够亲密的感觉,似乎两个人的鱼水之欢是一场目的性很强的床上运动,缺乏温情和关心。

那么,亲热之后为对方穿上衣服,对促进亲密关系有什么好处?

1. 体现彼此的爱意

怎么脱下对方的衣服,就应该怎么给穿上。当初两个人褪尽衣衫的时候，美好的性爱便拉开了序幕，如今也应善始善终，让这些因为爱而脱下的衣服再因为爱而穿上。这是一个贯穿亲密过程始终的爱意表达，能够体现出你在意的不仅仅是性爱本身。

2. 给对方传递"赞赏"信号

互相替对方穿衣是一种极度亲昵的做法，它含有着"赞赏"对方的原始本能意义。这种主动提供帮助的举动似乎是一种报答和感谢，感谢对方做爱时的努力和配合，感谢他/她为爱所做的一切。

3. 为对方穿衣的注意事项

男人帮女人穿衣并不意味着一定要一件件地完全替她穿好，只要做一些辅助性的工作就足以体现出男人的细心和关爱了，比如替她拉上连衣裙后的拉链、帮她整理翻折的衣领、帮她找到刚才不知道扔在哪里的另一只袜子。这些都是举手之劳，可做可不做，然而肯去在生活点滴中发掘能为对方创造舒适和便捷的事情并付诸实践的男人，总是比那些只会嘴上说说的男人更讨女人欢心。

帮男人穿衣时千万别表现得像是妈妈照顾孩子一样，你只需要在他最需要帮助时出现就可以了。比如在男人系上第一颗衬衫纽扣时，你慢慢帮他扣好其他的衬衫纽扣，尤其是袖扣。女人对一个男人千好万好、处处关心照顾，但他们可能并不会事无巨细地记住一切，男人只会对一些特定的情景特别记忆犹新。如果你全程都帮他穿衣服，他便会习以为常，觉得这并没有什么值得感谢的，但若是你在他百般努力却死活也系不好袖扣时施以援手，他定会心怀感激。

当然，并不是所有的人都习惯别人帮自己穿衣服，他们可能会觉得尴尬、别扭。具体情况要具体分析，倘若对方对自己的身材不满意或是怕痒，那就可以忽略这一步骤。当对方没有这个需求的时候，你硬要多此一举，那可能会适得其反。

千万别说："我和你的前任比怎么样？"

笔者在国外留学认识的同学小孙，前一段结完婚后回了国。小孙和老公也是结缘于国外留学，整个留学时期都一起度过，感情稳定。小孙比较成熟、低调，很少见到她在朋友圈秀恩爱，只是偶尔会提到一些生活细节，让人从侧面感觉到她和老公的感情非常温馨幸福。

然而，就是这样一个平时看起来如此成熟的女同学，却在一次聊天中主动向我倾诉，说自己非常介意老公的前任，无论如何也迈不过去心里那道坎。问及原因，小孙才娓娓道来。原来，小孙的老公什么都好，就是嘴上总"把不住门"，偶尔会提及前任。

有一次老公生日，小孙亲自给他做蛋糕、煮寿面，并且精心准备了生日礼物，小孙老公在感动之余，好死不死说了一句话："老婆你真好，以前的女朋友从来不会为我准备这些，她只顾打扮自己。"

还有一次，小孙在结婚纪念日当天精心打扮，并且穿上了刚买的性感内衣，想给老公一个惊喜。结果，他又脑抽地甩过来一句："老婆你身材好，就应该多这样穿，我前任身材跟你差远了。"

虽然都是在夸小孙，但是总让人听着有些别扭，两个人浪漫的气氛，也因为老公提及前任而变得尴尬。

其实，无论是对于男人还是女人，有两种人是万万不能提的，一个是前任的现任，另一个就是现任的前任。但有时，某些现任又很自寻烦恼，反而会主动问："我跟那个他/她比，谁更好？"这是出于什么心理呢？

其实，这种"爱比较"的心理似乎伴随人的整个成长过程。每个人的心灵深处都藏着一个自卑的小孩，上学时担心自己比其他人笨，会被老师和父母嫌弃；工作时担心自己没有其他同事做得出色，难以获得上升机会；恋爱时担心自己会被其他人插足代替，甚至亲热的时候都开始担心自己的表现比不上对方的前任。在急于想得到对方的认可时，不管是男人还是女人，都有可能对"我和你的前任比怎么样"这个问题产生兴趣。有时是含蓄地提及，有时是话里有话地旁敲侧击，有时甚至是直接问出来。

这样真的好吗？真的能听到对方的真话或是自己想要的那个答案吗？真的会让自己获得被认可被赞美的满足感？从小孙的经历来看，即便另一半给了"你比前任好"的答案，你仍然不会开心。

所以，奉劝女人最好别去主动询问这件事。

女人其实是最怕被男人拿来比较的，她们对"前女友"这个词总是非常敏感，就算是前女友已经和他好多年都不联系了，但现女友仍然会有着"他们会破镜重圆"的隐忧。如果得到的回答是男人对自己的认可，那还尚好，哪怕只是谎言也足以让女人安心。若是遇上隐私观念较强的男人，你得到的回答将是闪烁其词、避而不谈，敏感的女人便又会忍不住去胡思乱想了，这只会给自己平添无谓的烦恼。既然爱让双方走到了一起，何必让自己再去计较那些已经烟消云散的过去呢？

而且有时候男人可能早就把前女友忘得一干二净了，你这一问，反而勾起了他的美好回忆，甚至会不自觉地将你们放在一起对比。作为女人，应该懂得让男人避开那段曾经的回忆，这也是保护现有感情不受干扰的方法之一。

更加奉劝男人，要管住自己的嘴，别问这样的问题。

有时候，男人为了满足自己那么一点点的虚荣心，会想从女人那里知道自己是否比她的前任更加"有能力"。当他问出"我和你的前男友比怎么样"时，想要的答案一定是肯定的、明确的、有利于自己的。虽然绝大多数的女人也会给出男人想要的答案，而它们往往都是一针安慰剂。

男人的问题问完了，女人也回答完了，但是这场比较没有结束。女人会回顾起刚才亲热的情景，也会回顾起从前与前任亲热的情景。研究表明，回忆过去，对当下的感受总会或多或少产生一些影响，不利于当前关系的和谐。所以，男人与其以超越其他男人为目标，倒不如把精力花费在超越自己上，因为你可能会比现在做得更好，不过她的前任已经没有机会把自己更好的那一面表现给她看了。

另外，别轻易提及前任。

之前有一档综艺节目采访邓紫棋："找男朋友需不需要比前男友帅？"邓紫棋笑嘻嘻地说："只要比我前男友出名就行。"一个比前任好的现任，似乎成了一剂良药，抚慰上一段情伤，但对现任来说，何尝不是另一种伤害？

谁都有前任，但是对于现任来说，前任就像是"定时炸弹"，指不定什么时候就会出来将现下亲密的两人"炸"个粉身碎骨。所以，为了"安全"起见，还是尽量对"前任"二字敬而远之，方为保持与现任亲密和谐关系的上上之策。

完美的收尾与下一次的伏笔

1979年,哈尔彭与谢尔曼两人提出了这样的理论:合理利用亲热后的时间,非常有助于亲密关系双方成功建立起情感纽带。它的持续时间与两人之间的情感联系是成正比的,也就是说,这段时间越短,就越有可能降低亲密度,反之,则亲密度更高。

事实也正是如此,虽然有人说男生如同电灯,一开就亮,一拉就灭,绝对干脆,而女生如同电熨斗,热得慢,但是通电后,一旦变热,余热久久不会散去。而想要达到平衡与和谐,将亲密的热度持续下去,则需要一个完美的亲密收尾。

一个完美的收尾可以让男女双方在亲密过程中产生的兴奋、快感和满足感得到尽善尽美的升华,变成一种刻骨铭心的情意。事后温存可谓是亲密行为这支美妙乐曲的最后一个乐章,它能发出悠远深长的余音,让人每每回想起来都别有一番韵味;一个完美的收尾也可以让对方心存满足和眷恋,甚至可以弥补前两个步骤的种种不足,让伴侣对你所给予的美好体验有所期待,就等于为下次的亲密行为埋下了一个好的伏笔。

那么,一次完美的收尾,究竟应该是怎样的呢?

1. 拥吻爱抚或聊天，享受余热

翻云覆雨之后，男人不要急于起身，女人也别转身离去。只要不是饥饿难耐、体力透支、有十万火急的事情等着你去做，你就应该好好享受这个躺在床上相拥的悠闲时刻。两个人应该继续拥抱一段时间，前戏时所做的那些亲吻、爱抚动作大都可以拿到这时来重现，只是在力度上要稍微轻柔一些；也可以小声交谈，随便说些什么都能够满足双方心底最深的情感需求，让对方体会到满满的温存和爱意。

2. 一同沐浴

沐浴会让身心都得以完全的放松，若是亲热后周身疲惫，而第二天还要上班，那么一起去浴室洗个鸳鸯浴就再合适不过了。每个人都喜欢热水冲走身上黏糊糊的汗液带来清爽的感觉。若是两个人能够互相按摩就更好了，这样继续保持身体接触，会让人享受到纯洁的肌肤之亲带来的美妙和惬意。另外，沐浴的过程中也会让人有大量的时间，可以增加沟通和交流。

3. 一起"收拾残局"

洗完澡回到卧室，你们面对的是凌乱的床单、乱丢的衣服、掉在地上的枕头、用过的安全套和纸巾。床上床下到处都是一片混乱的景象，仿佛家里来了小偷一般，此时该由谁来收拾残局呢？当然是两个人一起做了，你铺平了床单、我捡起了枕头，你把衣服叠起来、我把纸巾扔进垃圾箱，颇有一种"你耕田来我织布"的即视感，也应了那句"男女搭配干活不累"的老话。当看到卧室又变得整洁一新的时候，心情也会豁然开朗。

4. 听点浪漫的音乐

有些劳累的你躺在床上，却仍有一点儿不知缘由的小兴奋让你无法安然入睡，两个人相对无言，倒不如听点浪漫的音乐，既可以舒缓心情,也可以助眠。你可以选择那些能让你回想起与伴侣共度美妙时刻的音乐,它能让整个房间都充满爱意。

5. 适当夸奖

女人对男人的夸奖永远是男人增强信心和动力的良药,可以促进亲密生活更加和谐。此时,女人应该收起羞涩,说出内心对男人的肯定,比如"我感觉好极了""期待下次",等等。女人的肯定对男人来说就是最好的"伟哥",你的称赞会让他更加积极地准备下次的亲密。另外,有了女人的奖励,男人还不容易打瞌睡,利于将温馨的气氛延续下去。

6. 一起入睡,一起醒来

守着彼此入睡,是一种关注;与他/她一起醒来,是一种浪漫。男人的困意经常会比女人来得早,此时,男人需要克制一下自己的睡意,与伴侣相拥共同入睡,在爱人的陪伴中知足地睡去的时候,才算是亲密的最完美的结局。而一睁开眼睛,迎面而来的是伴侣慵懒又不失温柔的目光,便很容易让彼此想起昨晚的种种激情和甜蜜。

这次收尾做得足够完美,下次亲密还会远吗?完美的收尾就如同一颗"爱的种子",随着爱意被埋在彼此心中,没准今晚就会生根发芽呢。

以坚定又温柔的态度谈论心事

上文提到，完美的收尾，其中包含"聊天"这一项。有位朋友是做情感咨询的，有一对夫妻去咨询室做情感调节，其中就提到了关于事后聊天的问题。

男人说："我太太各方面都挺好的，漂亮、能干、孝顺，可有一件事很让人头疼，那就是每次亲热之后，她都一定要我陪她聊天，而且是没完没了地聊。我如果不陪她聊，或者表现出不情愿，她就会立马翻脸，一个星期不理我。我实在是纠结，想和她亲热，又怕陪她聊天，都快被她折磨死了。"

女人说："每次结束之后，我都有一肚子话想说，可他总表现得没有积极性。跟我聊会儿天就那么难吗？难道我们在床上只有肉体关系，不需要精神沟通吗？在我看来，事后不聊天，就是耍流氓！"

"事后聊"和"事后烟"一样，都是亲热之后的常规流程。只不过，男人更喜欢"事后烟"，女人更倾向"事后聊"。其实，事后说说枕边话是两人亲密沟通的最佳时机，或是回味刚刚过去的美妙感受，或者谈一些两个人之间的秘密话题，都能够让感情急速升温。性爱拉近了身体的距离，事后以亲密为讨论内容的谈话拉近了精神的距离，当两个人的身体和精神都能合二为一时，亲热才可以称得上是完满。正所谓，"做完谈谈，再做不难"。

那么，应该谈些什么呢？交谈之时，又该注意些什么呢？

1. 选择合适的话题

亲密交流不是随意开始的，也不是任何内容都适合交流的。自己身体的感受、哪些事情会让你舒服、哪些事情会让你反感、如何避孕、你的性道德观念、你的底线和规则等，但凡那些让你在性爱时感到担心、内疚和羞愧的事情，都可以拿出来坦诚交流。但是，与亲热无关的工作烦心事、家长里短、别人家的恩怨情仇等，都不适合在此时畅聊。

2. 注意语气和人称

亲密交流的时候，说话最好以第一人称"我"开头，更有利于贴切地表达出自己的想法。"我"是一个具有强化个人观点作用的主语，当你想把自己的想法、感受和要求告知对方时，能引起他注意的方法之一就是将"我"作为第一人称，这种表达方式更直白、更有引导性。与其说"很多人喜欢被人吻耳朵"，不如说"我喜欢你吻我的耳朵"；与其说"你总是保持一个姿势，手臂不酸吗"，不如说"我喜欢多尝试一些姿势，一成不变太没情趣了"。

3. 尽量交流积极的内容

强调积极的一面，能带动两个人的关系向着积极的方向发展。如果你们的亲热过程不够和谐，对彼此的表现都有些心存不满，可是这个问题还值得挽救，那么不妨在对方面前将他/她表现好的地方加以强调，用称赞、鼓励的言语来带动整个交流气氛，而不是用指责、气愤的言语来毁掉这场谈话。

比如，当你觉得对方虽然床上技艺高超但总是在错误的时间地点提出性要求时，为了让事情向积极的方向发展，你这样说比较好："我很享受和你在一起的那些激情,若是你能安排好它们出现的时间,那就更棒了。"

4. 点到为止,不要争论

很多时候,事后交流总是围绕亲密相关的话题,而这个话题本身就是有风险的,过度的交流很容易让两个人的情绪变得激动,展开互不相让的争论,甚至产生误解和矛盾,最终使伴侣之间的关系变得更加糟糕。

因此,双方必须始终以积极、热情和诚恳的态度来进行交流,不需要用又吼又叫来表达自己的看法,千万别让交流变成了针尖对麦芒的辩论赛。有些问题尽管问得容易,却叫人难以作答或是不好用言语表达,你应该试试换个问法,若是对方面露难色就不要再苦苦追问了。注意倾听对方的意见,尊重对方的意愿,别让对方觉得和你交流后,最终总会让自己做出勉为其难的决定。

5. 不要只走个过场

很多人基于对伴侣的尊重,或者明白"事后聊"的重要性,如同上班签到一样将"事后聊"变成一个固定模式。而只是为了聊而聊,只会让"事后聊"变得流于形式,索然无味。两个人也就失去了交流的动力,甚至对亲密产生了抗拒,违背了原本的初衷。

"事后聊"是一种深入性质的沟通方式,不仅涉及双方的情感、情绪,还涉及彼此的观点、看法。正如再老旧破烂的汽车有了润滑油也能多跑几公里,硬件再好的汽车如果缺了润滑油也会故障百出。若是忽视了与伴侣坦率的沟通,就会像汽车缺乏润滑油一样,总有一天要暴露出许多不和谐的问题来。那些善于与人交往的人,在和伴侣讨论话题时开得了口、聊得深入、谈得舒心,既了解自己的喜好,还懂得别人的需求,能将自己的能力和对方的潜力最大限度地加以挖掘并善用。也正是因此,他们总是能在情感方面顺风顺水,亲密关系无比和谐。

让爱意融入生活，而不是只出现在性生活时

亲密行为是爱的表现形式，但并不是唯一的表现形式。有些人与伴侣的亲密只体现在性爱之时，除此之外，甚至都不主动与对方有身体接触；有些人在亲热时说尽甜言蜜语，生活中却漠不关心，甚至使用伤害性的语言、漠然冷酷的态度来对待伴侣。但真正稳定的亲密关系，需要体现在生活中的方方面面。

除了肉体上的亲热，我们可以做的事情有很多，比如制造一点点惊喜和浪漫。浪漫的真谛并不是模仿电视、小说里的俗套桥段，而应是在生活中时不时地给对方制造一些小惊喜，既不用绞尽脑汁、费心费力，也不用花销太多。比如改变自己的一些小习惯，为对方做出一些意外之举，这也许就是一种浪漫。

下面，就来看看在生活中有哪些可以让对方感受到爱意的举动吧。

1. 为他/她准备一张感谢卡

你有没有对伴侣的付出表示过感谢？他/她早上放弃睡懒觉的机会为你做早餐，将你睡着后还握在手里的手机拿去充电，吃掉你剩下的包子皮和炒青菜，清理你掉落在盥洗池里的毛发……这些以前你没有机会

对他/她表示感谢的细节，都可以成为感谢卡里的温情文字。

2. 把他/她的相片放在钱包里

在钱包中放一张伴侣的相片似乎是一种非常老套的做法，可却是满满爱意的表达，当他/她翻钱包找东西或者偶然瞥见时，自然会因为自己在你心中的强烈存在感而暗暗喜悦。而他/她的喜悦，也会让你获益匪浅。

3. 告诉对方你爱他/她的理由

"我爱你"三个字每个人都会说，不过我们都在具体说出爱他/她的理由方面有一些茫然。仔细观察对方在生活中的小细节，你总能找到几个让你怦然心动的理由。比如她切洋葱时眼泪在眼眶里打转的样子，和你分别时欲语还休的难舍之情，听到你讲黄色笑话时假装不感兴趣的小伎俩等。越独特的理由，越会让他/她对你好感倍增。如果你是不善言谈的人，可以在对方显而易见的地方贴张写着"我爱你"的小纸条，这也是一种表达爱意的好办法。

4. 分享第一次在一起的细节

记住你们第一次在一起的每件事情并且一起回忆，你当时在做什么，他/她那时穿的是什么，具体谈了什么，当时的感觉，许下的承诺……这些细节都可以让两个人沉醉在重温过去的美好和怦然心动之中。

5. 表现你的思念

生活中偶有分别，例如偶尔的出差，此时，不妨直白地表达出自己的思念和不舍。例如在冰箱上、浴室镜子上、对方的枕头下到处都留下爱的字条，起床、睡觉或午饭时候的视频电话，这些都可以传递出你满满的爱意。无论是对于热恋中的男女还是结婚多年的老夫老妻，你的思念表现得越明显，对方越会觉得自己被需要、被关注，被欲罢不能地爱着。

6. 一顿爱心晚餐

一个平时很少下厨做饭甚至不会做饭的你，若是趁伴侣下班回来之前给他/她做了一顿爱心晚餐，他/她一定会欣喜万分，这种"献身精神"对每个人来说都是一枚糖衣炮弹。此时再倒上两杯红酒，就着这轻柔暧昧的灯光和音乐一起轻酌，将爱意融入生活的效果定会加倍。

7. 惊喜的旅行

找点时间，找点空闲，告别没完没了的工作任务，不理会单位里的尔虞我诈，带上爱人，出去转转。这个假期是你们两个人的，把平时亏欠对方的那些约会、陪伴、甜蜜都一并补齐吧。如果对方是一个喜欢游玩的人，你可以偷偷地买两张机票，秘密筹划一个实现梦想的惊喜之旅。

8. 享受两个人的电影日

慵懒的周末，男人既不想出去应酬，女人也不想找闺密逛街，不如就找来你们最爱看的电影，两个人互相依偎在沙发上，度过这个只有两个人的电影日吧。虽敌不过电影院的震撼视觉效果，却也别有一番浪漫的意味。

人生如梦，岁月如梭，身边的亲人、朋友会逐渐远离我们的生活，唯一在身边长久陪伴的，只有最亲密的伴侣。亲密关系作为最重要的社会关系，需要我们用心好好经营。想要让亲密关系变得更加和谐，就需要让爱在生活的方方面面、时时刻刻中得到认同和巩固。无论你们相处多久，都不要忘了，花点儿时间用实际行动关心体贴对方。愿你们都被彼此温柔地爱着，共同携手度过最珍贵的此生。

【温馨蜜语】你以为你以为的结束了，就是真的结束了吗？NO，这只是新一轮的开始。